Anselm Grün

Wurzeln

Festen Halt im Leben finden

Vier-Türme-Verlag

Bibliographische Information der Deutschen Nationalbibliothek
Die Deutsche Nationalbibliothek verzeichnet diese Publikation in der
Deutschen Nationalbibliographie. Detaillierte bibliographische Daten
sind im Internet über http://dnb.d-nb.de abrufbar.

3. Auflage 2017
© Vier-Türme GmbH, Verlag, Münsterschwarzach 2012
Alle Rechte vorbehalten

Lektorat: Dr. Thomas H. Böhm
Gestaltung: Dr. Matthias E. Gahr
Umschlagmotiv: Wolfisch / Fotolia.com
Druck und Bindung: Finidr s.r.o., Český Těšín
ISBN 978-3-89680-801-1

www.vier-tuerme-verlag.de

INHALT

Einleitung

Ab dem 1. November eines Jahres – so sagen die Leute, die sich mit Heilkräutern auskennen – dürfe man keine Wurzeln mehr ausgraben. Die Heilkräuter sollen in der stillen Winterzeit mit ihren Wurzeln die heilende Kraft aus dem dunklen Erdreich ziehen. Die Wurzeln brauchen die Stille der Erde, aber auch die mütterliche Kraft, die das Erdreich hervorbringt. Sie wollen in Ruhe gelassen werden, damit sie in der Dunkelheit der Erde Kraft schöpfen können. Ab dem 1. November galten die Wurzeln als etwas Heiliges, das man nicht anrührte, sondern voll Ehrfurcht in der Erde ließ.

Die Biologie sagt uns, dass die Wurzeln einerseits die Pflanze im Boden verankern und andererseits aus der Erde Wasser und darin gelöste Nährsalze aufnehmen, um die Pflanze zu nähren. Die Wurzeln geben aber auch Stoffe in die Erde ab und tun daher auch dem Boden gut.

Die Wurzeln sind zugleich gefährdet. Schadpilze können sie befallen und einen Wurzelbrand oder Wurzelfäule bewirken. Und Wurzelfliegen können den Wurzeln schaden. Im Märchen »Der Teufel mit den drei goldenen Haaren« muss ein Knabe – das Glückskind einer armen Frau – ein Rätsel lösen. Er muss herausfinden, warum ein Baum, der sonst goldene Äpfel trug, jetzt nicht einmal mehr Blätter hervortreibt. Der Teufel gibt ihm die Lösung: An der Wurzel nagt eine Maus, wenn man die tötet, wird er wieder goldene Äpfel tragen. Nagt sie aber noch länger, so verdorrt der Baum gänzlich.

Was uns die Naturwissenschaft sagt und was das Märchen zum Ausdruck bringt, sind Bilder für unser Leben. Auch unser Lebensbaum hat Wurzeln, die ihn nähren. Aber unsere Wurzeln sind gefährdet durch Schädlinge oder durch eine Maus, die daran nagt. Die Maus steht im Traum immer für Sorgen, die an uns nagen. Und die Maus steht für die Zweifel. Viele zweifeln daran, dass ihre Wurzeln tragen. Sie verbinden mit ihren Wurzeln zu viele negative Erfahrungen, die sie in der Kindheit gemacht haben. Doch wenn wir den Wurzeln nicht trauen, die wir von unseren Vorfahren und die wir von Gott mitbekommen haben, dann werden sie angenagt. Und dann kann unser Lebensbaum keine goldenen Äpfel mehr tragen. Dann verdorrt er.

Die Natur war die erste Lehrmeisterin der Menschen. Die Menschen haben seit jeher in der Natur ein Bild für ihr eigenes Leben gesehen. Das Werden und Vergehen der Natur wurde ein Bild für das Annehmen und das Loslassen, welches das menschliche Leben prägt. Der Mensch wächst nicht nur heran – er wächst in die Gestalt hinein, die Gott ihm zugedacht hat –, wenn er sich annimmt und immer wieder loslässt.

Die Heilkräuter waren für die Menschen auch ein Symbol für ihre eigene Menschwerdung. Die Königskerze beispielsweise vermittelte ihnen etwas von ihrer Würde als Mensch. Die Rose verwies sie auf das Geheimnis der Liebe, das in ihrem Inneren ist. Und die Wurzeln der Heilkräuter und die Wurzeln der Bäume und Sträucher wurden zum Symbol für das eigene Leben.

Die Menschen wussten, dass sie gute Wurzeln brauchen, damit ihr Lebensbaum aufblühen kann und damit das Heilende in ihnen Nahrung findet. Aber ihnen war auch bewusst, dass ihre Wurzeln gefährdet sind. Wir Menschen können uns selbst zerstören, wenn wir nur um die eigenen Probleme kreisen. Aber auch Schädlinge von außen – etwa die Kränkungen, die uns Menschen antun – können diese Wurzeln schädigen. Heute ist es auch die Mobilität, die an unseren Wurzeln nagt. Wer zu oft seinen Wohnsitz wechselt, wer an keinem Ort Heimat findet, der tut sich auch schwer mit seinen Wurzeln. Er hat das Gefühl, keine Wurzeln zu haben. Er muss sich immer wieder an den jeweiligen Ort anpassen.

Aber es fehlen ihm die Wurzeln, die ihn nähren und stärken.

Daher glaubten die Menschen der Frühzeit, dass Wurzeln eine schützende Zeit brauchen, damit sie heilende Kraft aus der Erde ziehen können. Diese schützende Zeit ist die Zeit vom 1. November bis zum 2. Februar. In diesen drei Monaten gehören die Wurzeln der Mutter Erde. Für uns Christen ist dies eine Ermutigung, dass wir uns in dieser Zeit in der Stille Gott anvertrauen, damit er unsere Wurzeln stärke und reinige.

Die frühe Kirche hat die Sehnsüchte der Menschen aufgegriffen, die diese mit der Natur verbanden. Sie hat auf den 1. November das Fest Allerheiligen gesetzt, damit wir in den Heiligen unsere Wurzeln finden, und auch des Namens gedenken, den wir tragen. Und sie hat auf den 2. November das Fest Allerseelen gelegt, damit wir in unseren Verstorbenen unsere Wurzeln entdecken.

Unsere menschlichen Wurzeln liegen in der Geschichte unserer Vorfahren. Beide Feste antworten auf jene Sehnsüchte, die die Menschen in früheren Zeiten mit den Wurzeln verbunden haben. Die Zeit vom 1. November bis zum 2. Februar ist eine besondere Schutzzeit für unsere Wurzeln. Die Zeit bis zum 2. Februar war für die Römer die Zeit, in der sie die Tochter der Ceres, der Göttin des Wachstums, in der Unterwelt wussten. So war dies die Zeit, in der das Wachstum unter der Erde besonders gesegnet war. In dieser Zeit ist es wichtig, dass wir uns an unsere Wurzeln erinnern und mit ihnen in Berührung kommen.

Als ich über die Wurzeln nachgedacht habe, sind mir viele Aspekte eingefallen: Zum einen gibt es die Sehnsucht vieler Menschen, für ihre Familie einen Stammbaum aufzustellen. Sie haben ein Interesse daran, zu erfahren, wer und was ihre Vorfahren waren. Ich spüre sowohl in meiner eigenen Verwandtschaft als auch im Gespräch mit anderen Menschen, dass viele heute bewusst in den Taufregistern der Dörfer und Städte nach ihren Vorfahren suchen, um zu recherchieren, wer sie waren und wie sie gelebt haben.

Zum anderen fiel mir das Wort eines Psychologen ein, der meint, die Depressionen hätten häufig in der Wurzellosigkeit ihre Ursache. Viele Menschen haben heute ihre Wurzeln verloren. Sie sind sich ihrer Wurzeln nicht bewusst. Sie versuchen, nur in der Gegenwart zu leben, ohne ihre Vergangenheit zu reflektieren. Sie sind gleichsam von der Vergangenheit abgeschnitten. Wer aber seine Wurzeln nicht kennt, der weiß nicht, was sein Lebensbaum braucht, um in seine Gestalt hinein zu wachsen. Und mir fielen viele biblische Stellen ein, die von den Wurzeln handeln. So möchte ich meine Gedanken über unsere Wurzeln mit einem Blick in die Bibel beginnen.

Wurzeln in der Bibel

Die Bibel spricht oft von den Wurzeln, um den Menschen zu beschreiben. Wenn der Mensch sich in der Erde verwurzelt, kann sein Lebensbaum Frucht tragen.

Gerade in der Hitze und Trockenheit Palästinas ist die Pflanze auf die Wurzeln angewiesen. Die Wurzeln verleihen Halt und Beständigkeit. Doch es kommt auch auf den Boden an, in den die Wurzeln eingepflanzt sind. Der gute Boden ist für die Bibel der Boden der Gerechtigkeit, in den Gott den Menschen einpflanzt und in den Gott auch das Volk Israel eingepflanzt hat. Es gibt aber auch Menschen, deren Wurzeln nur scheinbar tief im Boden verankert sind. Ihre Wurzeln wachsen jedoch nicht tief in den Boden, sondern diese Menschen krallen sich mit ihren Wurzeln an Steinen fest.

Alles nützt nichts, wenn diese Menschen gegen Gott rebellieren. Dann reißt sie Gott samt ihrer

Wurzel heraus. So heißt es zum Beispiel im Alten Testament im Buch Hiob:

> Der Ruchlose (...) steht im Saft vor der Sonne, seine Zweige überwuchern den Garten, im Geröll verflechten sich seine Wurzeln, zwischen den Steinen halten sie sich fest. Doch Gott tilgt ihn aus an seiner Stätte, sie leugnet ihn: Nie habe ich dich gesehen.
>
> HIOB 8,16–18

Ein anderes Bild beschreibt den Frevler so:

> Von unten her verdorren seine Wurzeln, von oben welken seine Zweige.
>
> HIOB 18,16

Wer seine Wurzeln verleugnet, der schneidet sich selbst vom Leben ab. Die Bibel ist überzeugt, dass uns auch das destruktive Verhalten – dafür steht der Ausdruck Frevler – von unseren gesunden Wurzeln abschneidet. Wir verhalten uns nicht so, wie es unseren Wurzeln, wie es unserem Wesen entspricht.

Hiob hatte von sich geträumt, dass seine Wurzeln bis an das Wasser reichen. (Vgl. Hiob 28,19) Das ist ein Bild des fruchtbaren und gelingenden Lebens. Ähnlich heißt es im Buch der Sprichwörter vom gerechten Menschen:

Wer Unrecht tut, hat keinen Bestand, doch die
Wurzel der Gerechten sitzt fest.
SPRICHWÖRTER 12,3

Eine feste Wurzel, die dem Stamm Halt gibt und ihn
mit dem nötigen Lebenssaft versorgt, ist Bild für einen Menschen, der richtig lebt, der sich nach Gottes Weisung ausrichtet und so seinem Wesen gerecht
wird. Die feste Wurzel beschreibt einen Menschen,
dessen Leben Frucht bringt und der zum Segen für
andere wird. Die Psalmen vergleichen das Volk Israel
mit einem Weinstock, den Gott eingepflanzt hat:

Du schufst ihm weiten Raum; er hat Wurzeln
geschlagen und das ganze Land erfüllt.
PSALM 80,10

Israel hat tiefe Wurzeln geschlagen, doch weil es sich
gegen Gott verfehlt hat, wurde sein Weinstock ver-
wüstet, sein Baum abgeschlagen. Gott gibt dem Volk
eine neue Verheißung:

Aus dem Baumstumpf Isais wächst ein Reis
hervor, ein junger Trieb aus seinen Wurzeln
bringt Frucht.
JESAJA 11,1

Israel sah in diesem Vers die Verheißung des kom-
menden Messias. Von ihm heißt es:

An jenem Tag wird es der Spross aus der Wurzel Isais sein, der dasteht als Zeichen für die Nationen; die Völker suchen ihn auf; sein Wohnsitz ist prächtig.

JESAJA 11,10

Der Prophet Jesaja ist überzeugt, dass das Heil nicht einfach aus einem prachtvollen Baum herauswächst. Es sind gerade die Brüche und die abgehauenen Bäume, aus deren Wurzeln das Heil entspringt. Das ist eine Verheißung auch für unser Leben. Auch wenn manches in die Brüche geht, so bleiben doch unsere Wurzeln in der Erde. Aus ihnen kann immer wieder neues Heil entstehen.

Der Messias, der uns Heil bringt, ist zugleich ein Bild für unser Leben: Gerade in jenen Situationen, in denen etwas in uns abgeschnitten wird, kann aus der Wurzel etwas Neues entstehen. Umso wichtiger ist es, die Wurzeln in der Erde zu belassen und sie zu schützen. In ihnen steckt die Verheißung, dass auch in uns immer wieder etwas Neues aufblühen kann. Was die Bibel mit dem Bild des Messias, der aus dem abgeschnittenen Wurzelspross hervorgeht, beschreibt, das erlebe ich immer wieder in der geistlichen Begleitung. Da begegne ich Menschen, die eine schwierige Kindheit hatten. Aber sie bewältigen ihr Leben trotzdem. Offensichtlich haben sie tiefe Wurzeln, aus denen sie selbst in dürren Wüstenzeiten ihre Lebenskraft beziehen können.

Eine afrikanische Geschichte zeigt, dass gerade die Schwierigkeiten und Verletzungen von außen uns manchmal zwingen, unsere Wurzeln tiefer zu graben. Die Geschichte erzählt von einem bösen Mann, der einer jungen Palme einen schweren Stein auf ihre Krone setzte, um ihr zu schaden. Doch als er nach Jahren wieder kam, war ausgerechnet diese Palme die größte und schönste unter allen Palmen. Denn der Stein hatte sie gezwungen, ihre Wurzeln tiefer zu graben.

Wer von außen verletzt wird, entwickelt oft die Energie, seine Wurzeln nicht nur in die Tiefe seiner Geschichte hineinzugraben, sondern noch tiefer, in den Wurzelgrund Gottes. Er durchbricht die rein psychologische Ebene. Seine Wurzeln graben sich tief in die göttliche Ebene hinein. Dort erhält er eine Kraft, die seinen Baum höher und schöner wachsen lässt als andere.

Der Stammbaum Jesu

Die christliche Kunst hat den Stammbaum Jesu, die Wurzel Jesse, gerne dargestellt: Aus dem liegenden, meist schlafenden Jesse, dem Vater Davids, wächst ein mächtiger Baum heraus. In seinen Ästen und Verzweigungen befinden sich die jüdischen Könige der salomonischen Linie in Halbfiguren, manchmal ergänzt durch die Propheten und durch die Stammeseltern Adam und Eva. Bekrönt wird der Baum entweder von Christus – dem Salvator mundi, dem Weltenretter – oder aber auch von Maria mit dem Jesuskind auf dem Arm.

In der Wurzel Jesse haben die Menschen nicht nur ein Bild für die Herkunft Jesu gesehen, sondern auch ein Bild für sich selbst. Jeder Mensch hat in seinen Vorfahren ähnliche Wurzeln. Jeder Mensch hat einen Stammbaum. Die Darstellung der Wurzel Jesse erinnert uns an unsere eigenen Wurzeln, aus denen wir entsprossen sind.

Die beiden Evangelisten Matthäus und Lukas sind am Stammbaum Jesu interessiert. Und in der Darstellung des Stammbaums Jesu sagen sie nicht nur etwas über das Geheimnis Jesu aus, sondern auch über das Geheimnis unseres Lebens. Sie beschreiben den Stammbaum, in den jeder von uns eingebettet ist. Für beide Evangelisten ist es auch wichtig, dass Jesus einen Stammbaum hat. Er ist nicht einfach vom Himmel herabgekommen. Er ist in einen menschlichen Stammbaum hineingeboren. Er hat eine menschliche Vorgeschichte.

Bei allen Gemeinsamkeiten haben Matthäus und Lukas den Stammbaum Jesu jedoch auch je auf ihre eigene Weise dargestellt. Matthäus führt den Stammbaum Jesu bis auf Abraham zurück. Er hat ihn kunstvoll aufgebaut. Dreimal vierzehn Geschlechter münden in Jesus. Die Zahl »Drei« bezieht sich auf die drei Bereiche im Menschen: Kopf, Herz und Bauch – Geist, Seele und Leib. Sie machen den ganzen Menschen aus. Die Zahl »Vierzehn« ist eine heilende Zahl. Es gab in Babylon vierzehn helfende Götter. Der Stammbaum mit den beiden Zahlen bei Matthäus ist notwendig, damit wir ein ganzer Mensch werden.

Die Verletzungen unserer Lebensgeschichte können geheilt werden, wenn wir uns mit unserem Stammbaum auseinandersetzen, der ganz und heil machen kann. Jesus heilt die Geschichte seines Volkes. Sein Stammbaum ist keine Erfolgsgeschichte. Da gibt es Mörder und Ehebrecher in seinem Stammbaum. Jesus reinigt gleichsam die Wurzeln durch seine göttliche Wurzel.

Und es gibt in diesem Stammbaum vier ausländische Frauen – Tamar, Rahab, Rut, Batseba (die »Frau des Urija«) –, die den normalen Stammbaum durcheinanderbringen. Auch das lässt sich auf unseren Stammbaum übertragen. Auch in unserer Geschichte ist manches Fremde, Ausländische oder Heidnische.

Die vier ausländischen Frauen, die die normale Reihe durchbrechen, münden in die fünfte Frau, in Maria, die ja auch von außen in den Stammbaum kommt. Denn eigentlich wird der Stammbaum in der männlichen Linie auf Josef hin geführt. Die Zahl »Fünf« ist die Zahl der Liebesgöttin Venus. Die Liebe heilt die Verletzungsgeschichte im Stammbaum Jesu, die Liebe heilt auch unsere Lebensgeschichte. Und mit der Zahl »Fünf« geschieht der Übertritt ins Göttliche. Der menschliche Stammbaum wird von Gottes Liebe und Gottes Leben her befruchtet, gereinigt und geheiligt.

Der Stammbaum Jesu nach Matthäus ist eine Verheißung dafür, dass auch unsere Lebensgeschichte sich trotz aller Brüche und dunklen und unerklärlichen Familiengeheimnisse zum Heil wendet, dass sie geheilt und erneuert wird.

Der Evangelist Lukas führt den Stammbaum auf Adam zurück. Das entspricht dem Interesse des Griechen Lukas. Die Griechen haben die ganze Welt im Blick. Lukas interessiert sich deshalb nicht so sehr für die jüdische Heilsgeschichte, sondern für die Geschichte der ganzen Menschheit. Er schaut auf Jesus als die Person, die die ganze Menschheit in sich zusammenfasst.

Jesus ist vom Heiligen Geist gezeugt. Aber er hat auch eine menschliche Geschichte, die bis auf Adam, den ersten Menschen, zurückgeht. Auch das ist ein Bild für unser Leben. Das Kind, das im Mutterleib entsteht, macht gleichsam die ganze Entwicklungsgeschichte des Menschen durch. Und in unserem Unbewussten ist die gesamte menschliche Geschichte gespeichert, sie wirkt in uns fort. Daher gibt es nicht nur die individuelle Geschichte des einzelnen, sondern auch die gemeinsame Geschichte aller Menschen, in die wir hineinverwoben sind. Diese gemeinsame Geschichte wird durch Jesus geheilt.

Der Heilige Geist, aus dem Jesus gezeugt wird, durchdringt unsere Geschichte bis zu ihrem Ursprung. Unser Ursprung – nach diesem Stammbaum bei Lukas: in Adam – ist von Jesus geheilt. So können wir ohne Angst unsere Wurzeln bis in ihren letzten Ursprung hin verfolgen. Wir können vertrauen, dass diese Wurzeln vom Heiligen Geist durchdrungen und verwandelt sind und dass uns nun gute und göttliche Kraft aus dieser Wurzel entgegenströmt.

Jesu Gleichnisse

Jesus selbst hat in seinem Gleichnis vom Sämann, der den göttlichen Samen aussät, das Bild der Wurzel gebraucht. Er sagt vom Samen:

> Ein anderer Teil fiel auf felsigen Boden, wo es nur wenig Erde gab, und ging sofort auf, weil das Erdreich nicht tief war; als aber die Sonne hochstieg, wurde die Saat versengt und verdorrte, weil sie keine Wurzeln hatte.
>
> MATTHÄUS 13,5f

In der Deutung des Gleichnisses interpretiert Jesus die Wurzeln so:

> Auf felsigen Boden ist der Samen bei dem gefallen, der das Wort hört und sofort freudig aufnimmt, aber keine Wurzeln hat, sondern unbeständig ist; sobald er um des Wortes willen bedrängt oder verfolgt wird, kommt er zu Fall.
>
> MATTHÄUS 13,20f

Es gibt Menschen, die sich für vieles begeistern können – aber sie halten nichts durch. Sie haben keine Wurzeln. Für sie wäre es deshalb wichtig, sich der eigenen Wurzeln bewusst zu werden. Nur so kann ihr Leben Frucht bringen. Wer keine Wurzeln hat, der ist unbeständig, oder wie man das griechische Wort auch übersetzen kann, er ist ein Augenblicksmensch, er lebt nur im Augenblick. Er hat weder Vergangenheit noch Zukunft. Er bezieht seine Kraft nicht aus der Geschichte. Er lebt gleichsam geschichtslos und wer ohne seine Wurzeln in der Geschichte lebt, ist auch unfähig, die Geschichte zu gestalten, eine bedeutsame Geschichte zu leben.

Wer keine Wurzeln hat, der hat keine innere Festigkeit in sich. Er wechselt seine Stimmung und seine Meinung, sein Reden und sein Handeln von Augenblick zu Augenblick. Vor allem aber kann er keine Herausforderungen ertragen. Sobald in seinem Leben etwas beschwerlich wird, verliert er alle Kraft. Er hat keine Wurzeln, aus denen er seine Kraft ziehen kann. Jesus meint mit diesem Wort wohl auch die Erfahrung, dass wurzellose Menschen leicht depressiv werden. Sobald sie etwas bedrückt, werden sie davon erdrückt: Sie haben dann keine Kraft mehr, aufrecht durch das Leben zu gehen. Sobald jemand sie kritisiert, fallen sie in sich zusammen.

Jesus erzählt uns noch ein anderes Gleichnis, in dem es um die Wurzel geht. Es ist das Gleichnis vom Unkraut im Weizen:

Ein Mann sät guten Samen auf seinen Acker.
Doch in der Nacht kommt sein Feind und sät

Unkraut unter den Weizen. Die Knechte des Herrn beobachten, wie beim Aufgehen der Saat auch das Unkraut zum Vorschein kommt. Und sie fragen den Herrn: »Sollen wir gehen und das Unkraut ausreißen?« Doch der Herr antwortet ihnen: »Nein, sonst reißt ihr zusammen mit dem Unkraut auch den Weizen aus. Lasst beides wachsen bis zur Ernte. Wenn dann die Zeit der Ernte da ist, werde ich den Arbeitern sagen: Sammelt zuerst das Unkraut und bindet es in Bündel, um es zu verbrennen; den Weizen aber bringt in meine Scheune.«

MATTHÄUS 13,29f

Jesus denkt beim Unkraut an den giftigen Taumellolch, der dem Weizen sehr ähnlich ist. Die Wurzeln von Weizen und Lolch sind miteinander verflochten. Wenn man das Unkraut mit seinen Wurzeln ausreißt, reißt man auch den Weizen mit heraus. Daher ließ man in Palästina beides – Taumellolch und Weizen – bis zur Ernte stehen. Erst dann können die Schnitter den ungenießbaren Lolch ausscheiden und so verhindern, dass das Unkraut mit den Garben vermischt wird.

Für Jesus ist diese Weisheit der Bauern ein Bild für uns. Unsere Wurzeln sind auch nicht rein. Sie sind vermischt mit Unkraut. Das Unkraut kann für die Schattenseiten stehen, die wir in unserer Seele vorfinden. Es kann jedoch auch auf die Verletzungen unserer Lebensgeschichte hinweisen, die unsere Wurzeln getrübt haben. Es gibt kein Leben ohne Verletzungen und Kränkungen. Es gibt kein Leben mit reinen Wurzeln.

Wenn wir die Wurzeln des Unkrauts – die Schattenseiten und Verletzungen – aus uns herausreißen, dann würden wir auch die Wurzeln des Weizens, die uns tragen, mit herausziehen. So könnte nichts in unserer Seele wachsen. Das Gute, das auf dem Acker unserer Seele wächst, braucht auch das Unkraut, es braucht auch die Schattenseiten unserer Seele und es braucht die Verletzungen unserer Lebensgeschichte.

Der Schatten ist für den Schweizer Psychiater Carl Gustav Jung wie ein Erdreich, auf dem das Helle und Klare in uns wachsen kann. Und die Verletzungen sind der Hintergrund, auf dem das Heile und Ganze in uns aufscheint. Wir müssen uns mit den Wurzeln aussöhnen, die wir haben. Es sind nicht nur perfekte Wurzeln, sondern manchmal auch getrübte, angefressene, vergiftete Wurzeln. Sie müssen gereinigt, dürfen aber nicht herausgerissen werden.

Für Jesus genügt es, am Ende des Lebens beides voneinander zu scheiden. Wir müssen also ein Leben lang mit unseren unvollkommenen Wurzeln leben. Am Ende ist es nur wichtig, dass genügend Weizen in uns herangewachsen ist. Wir dürfen darauf vertrauen, dass das Unkraut den Weizen nicht am Wachsen hindert. Solange wir leben, können wir das Unkraut zurückschneiden. Aber wir sollen es nie mit seinen

Wurzeln herausreißen. Das Gleichnis Jesu vom Unkraut und dem Weizen lädt uns ein, bescheiden und demütig zu sein: anzuerkennen, dass unser Leben immer auch Schattenseiten und Verletzungen hat. Und es lädt uns zugleich ein, darauf zu vertrauen, dass das Gute und Gesunde in uns stärker ist als alles Verletzte und Kranke.

In seinem Brief an die Hebräer warnt uns Paulus vor bitteren Wurzeln:

> Seht zu, dass niemand die Gnade Gottes verscherzt, dass keine bittere Wurzel wächst und Schaden stiftet und durch sie alle vergiftet werden.
>
> BRIEF AN DIE HEBRÄER 2,15

Bittere Wurzeln wachsen in uns, wenn wir dem Groll und dem Murren zuviel Raum geben und wenn wir gegen alles rebellieren, was uns Gott zutraut.

Genauso wie wir die Wurzeln der Pflanzen pflegen sollen, sollen wir auch achtsam mit unseren eigenen Wurzeln umgehen. Bitterkeit kann unsere Wurzel vergiften. Dann wird unser Baum keine guten Früchte hervorbringen. Jesus sagt:

> An ihren Früchten werdet ihr sie erkennen (...) Jeder gute Baum bringt gute Früchte hervor, ein schlechter Baum aber schlechte.
>
> MATTHÄUS 7,16f

Wenn wir bittere Wurzeln in uns haben, dann wird unser Baum schlechte Früchte hervorbringen. Daher ist es so wichtig, auf seine Wurzeln zu achten und sie immer wieder zu reinigen.

Jesus selbst erzählt uns das Gleichnis vom Feigenbaum, den der Besitzer des Weinberges umhauen möchte, weil er keine Früchte bringt. Doch der Weingärtner antwortet:

> Herr, lass ihn dieses Jahr noch stehen; ich will den Boden um ihn herum aufgraben und düngen. Vielleicht trägt er doch noch Früchte; wenn nicht, dann lass ihn umhauen.
>
> LUKAS 13,8f

Es ist unsere Aufgabe, den Boden um uns herum aufzugraben und zu düngen, damit unsere Wurzeln gute Nahrung finden. Das Aufgraben meint: seine eigene Wahrheit anschauen und tiefer in das eigene Herz hineinschauen. Das Düngen bezieht sich auf die Liebe, mit der wir uns selbst und unseren Baum anschauen, und auf die Liebe Gottes, die wir in den Wurzelboden unseres Lebens eindringen lassen.

Paulus und unsere jüdischen Wurzeln

In seinem Brief an die Römer gebraucht Paulus das
Bild vom Baum mit seinen Wurzeln für die Beziehung der Christen zu Israel.

Paulus sieht das Volk Israel als Ölbaum. Von
diesem Ölbaum wurden manche Zweige abgerissen.
Sie stehen für die Menschen, die nicht geglaubt haben. Die Christen sind als neue Zweige auf diesen
Baum eingepfropft worden. So sollen sie sich nicht
über die Juden erheben. Denn sie haben Anteil an
der Wurzel und von der Wurzel her haben sie ihre
Heiligkeit:

> Ist die Wurzel heilig, so sind es auch die Zwei
> ge.
> BRIEF AN DIE RÖMER 11,16

Und Paulus fährt fort:

> Wenn aber einige Zweige herausgebrochen
> wurden und wenn du als Zweig vom wilden
> Ölbaum in den edlen Ölbaum eingepfropft wur
> dest und damit Anteil erhieltest an der Kraft
> seiner Wurzel, so erhebe dich nicht über die
> anderen Zweige.

Wenn du es aber tust, sollst du wissen: Nicht du trägst die Wurzel, sondern die Wurzel trägt dich.

BRIEF AN DIE RÖMER 11,17f

Diese Gedanken des Paulus mögen uns einladen, dankbar für die Wurzeln zu sein, die uns tragen. Die Wurzeln sind unsere Vorfahren. Wenn sie Christen waren, dann haben wir teil an ihrem Glauben. Aber Paulus will uns auch sagen, dass wir Christen ältere, jüdische Wurzeln haben.

Dies wurde in der Geschichte nicht immer so gesehen. Oft haben sich die Christen von ihren jüdischen Wurzeln abgeschnitten und die Juden abgelehnt und verfolgt. Das hat ihrem Glauben nicht gutgetan. Als Christen können wir nur im Geiste Jesu leben, wenn wir uns auch unserer jüdischen Wurzeln bewusst sind. Von den jüdischen Wurzeln her strömt uns der Geist Jesu zu, von den jüdischen Wurzeln her verstehen wir erst, was Jesus uns mit seiner Botschaft sagen wollte.

Wir könnten diese Gedanken des Paulus heute weiterführen. Es geht nicht nur um unsere jüdischen Wurzeln, sondern auch um die Wurzeln der Völker, aus denen unsere Vorfahren stammen, mit ihrer Kultur und ihrer Religion. Die frühe Kirche hatte die Weisheit, die heidnischen Wurzeln nicht abzuschneiden oder herauszureißen, sondern sie zu »taufen« und mit dem Geist Jesu Christi zu durchdringen. So hat unser Leben tiefere Wurzeln.

Wir sollen die Weisheit der anderen Kulturen erforschen, die unsere Kultur geprägt haben. Aber es geht nicht darum, in eine Verherrlichung der keltischen oder germanischen Kultur und Religion – oder einer anderen Kultur, wenn wir aus einem entsprechenden Kulturkreis kommen – zurückzufallen. Vielmehr geht es darum, die heidnischen Wurzeln zu »taufen«, um so den christlichen Zweig in den alten Baum einzusetzen und dadurch den ganzen Baum zu verändern.

Grundsätzlich gilt: Wir sollten uns in aller Freiheit unserer Wurzeln bewusst werden, die uns tragen. Es ist nicht unser Verdienst, dass wir gute und heilige Wurzeln haben. Sie sind uns vorgegeben. Unser Leben blüht aus Wurzeln, die wir von Gott durch unsere Vorfahren empfangen haben.

Unser Name als Wurzel

Die römische Kirche hatte das Bedürfnis, aller Heiligen zu gedenken. Doch sie legte das Fest aller Märtyrer in die österliche Zeit – auf den Freitag nach Ostern –, als Zeichen, dass die Märtyrer Anteil an der Auferstehung Jesu haben. In England verlegte man das Fest »Allerheiligen« auf den 1. November. Und dort verbreitete sich das Fest sehr rasch.

Es wurde dort sehr beliebt, weil es die Sehnsucht der Kelten und Germanen aufgriff. In keltischen Gebieten galt der 1. November als Beginn des Winters. Er war ein heidnischer Festtag. Die Kelten feierten an diesem Tag das Samainfest. Es ist für die Kelten der Tag, an dem »die Seelen der Seligen auf die Erde herabsteigen und mit den Menschen verkehren« (Ströter-Bender 17).

Die Kirche hat dieses heidnische Fest christianisiert. Wir gedenken an Allerheiligen der Heiligen, die im Himmel sind und die uns auf Erden mit ihren

Fürbitten zu Hilfe kommen. Und wir gedenken der Verstorbenen, die wir selbst gekannt haben.

Die Kelten feierten in der Woche nach dem 1. November die »Seelenwoche«. »In dieser stillen Zeit des beginnenden Winters wurde die Anwesenheit der Verstorbenen besonders nahe empfunden, und die Familien feierten in diesen Tagen eine Art Verwandtentreffen, zu dem nicht nur die verstorbenen Seligen, sondern auch die ›armen Seelen‹ eingeladen waren, die aufgrund ihres irdischen Lebenswandels noch nicht in die himmlischen Sphären hatten eingehen können.« (Ströter-Bender 18)

Wir Christen vertrauen darauf, dass die Verstorbenen, die wir gekannt haben, bei Gott sind. Wir gedenken ihrer, um ihre Gemeinschaft zu erfahren, um an ihren Wurzeln teilzuhaben. Wir ehren sie, um unsere eigene Herkunft zu ehren.

Jeder von uns trägt einen Namen. Unsere Eltern haben uns diesen Namen gegeben. Manchmal haben sie uns bewusst einen bestimmten Namen gegeben, um die Familientradition hochzuhalten. Wir tragen beispielsweise den Namen des Großvaters oder der Großmutter. Oder aber unsere Eltern haben einen Namen für uns ausgewählt, der ihnen gefallen hat.

Unser Name macht etwas mit uns. Wenn wir immer wieder mit dem selben Namen gerufen werden, prägt sich nicht nur der äußere Namen in uns ein, sondern auch eine emotionale Qualität. Jeder spricht unseren Namen mit seiner je eigenen Stimme und

Betonung aus. Wir spüren in unserem Namen, dass wir angesprochen sind und geliebt sind. Und wir spüren in der Art, wie unser Name ausgesprochen wird, die Gefühle, die der andere uns gegenüber hat. Wir spüren seine Liebe oder seine Distanz.

Die Etymologie der Namen

Unsere Namen haben eine Bedeutung. Wir können unseren Namen von seiner etymologischen Wurzel her bedenken. Dann kommen wir durch unseren Namen mit Seiten in Berührung, die in uns sind.

Ich möchte nur ein paar Beispiele nennen. Hildegard heißt »die im Kampfe Schützende«. In diesem Namen spüre ich die Kraft, die in mir ist. Ich kann andere schützen. Aber ich bin auch in den Auseinandersetzungen des Lebens selbst geschützt. Peter bedeutet Fels. Die Frage ist dann, wo ich für andere schon zum Felsen geworden bin. Johannes oder Hans heißt »Gott ist gnädig«. Dieser Name verweist mich auf die Gnade, auf die Liebe Gottes, die mich einhüllt.

Hubert ist der durch seinen Geist Glänzende, Helena ist die Leuchtende, Katharina die reine und klare Frau. Barbara ist die Ausländerin, die aus der himmlischen Welt in unseren irdischen Bereich kommt. Elisabeth – und alle Abwandlungen wie Bettina oder Ilse – bedeutet »Gott ist vollkommen«. Wer diesen Namen trägt, wird auf Gott verwiesen, der allein vollkommen ist. Wir haben Anteil an seiner Vollkommenheit. Hugo ist der Kluge, Heinrich ist der Herr im Haus, Felix ist der Glückliche. Irmgard ist die mächtige Schützerin. Albert ist der durch Adel und durch seine edle Gesinnung Glänzende, Alfons der allzeit Bereite, Alexander der Männer-Verteidiger und der Retter, Andreas der Mannhafte. Benedikt ist der Gesegnete, Bernhard der Bärenstarke, Brigitta die Kräftige und Tugendstarke, Dorothea die Gottesgabe. Konrad ist der kühne Ratgeber, Luise die Berühmte, Gisela das Mädchen von edler Abstammung. Michael heißt: Wer ist wie Gott? Gottfried ist der im Frieden Gottes Stehende.

All diese und andere Wortbedeutungen können wir als Bild sehen. Unser Name bringt etwas von seiner Deutung zum Klingen. Wir können unseren Namen mit der etymologischen Bedeutung anschauen und dann auf uns sehen. Wie weit verwirkliche ich etwas von dem, was mein Name sagt?

Mein Name bringt mich in Berührung mit den Möglichkeiten, die Gott mir geschenkt hat. Indem mir die Eltern diesen Namen gegeben haben, haben sie mir zugetraut, das zu leben, was in diesem Namen an Bedeutung steckt.

Die Namenspatrone

Unser Name verweist uns aber auch auf den Heiligen oder die Heilige, die unsere Namenspatrone sind. Die heilige Katharina etwa ist die königliche Frau, die weiser ist als alle Philosophen. Wenn wir diesen Namen tragen, dann dürfen wir vertrauen, dass die Eigenschaften Katharinas auch in uns stückweise vorhanden sind.

Es geht nicht darum, dass wir die Heiligen kopieren, deren Namen wir tragen. Das bringen wir sowieso nicht fertig. Es geht vielmehr darum, dass wir uns von dem oder der Heiligen mit dem Potenzial in Berührung bringen lassen, das in uns selbst schon vorhanden ist. Der oder die Heilige ist wie ein Bild, das über unserem Leben steht und das sich in uns immer mehr einbilden möchte. Dann können wir immer mehr mit dem ursprünglichen Bild in Berührung kommen, das Gott sich von uns gemacht hat.

Die Wortbedeutung von Franz ist nicht besonders tief: der Franke. Aber wenn jemand Franz heißt, dann spiegelt sich auch in ihm etwas von der faszinierenden Ausstrahlung des heiligen Franziskus wider, der sich behutsam Gottes Schöpfung zuwandte. Ich habe den heiligen Anselm bei meinem Klostereintritt nicht wegen der Bedeutung seines Namens als meinen Patron gewählt, sondern weil mich seine Person fasziniert hat. Er hat als einer der ersten Glauben und Vernunft miteinander verbunden. Er gab sich nicht zufrieden mit einem bloßen Glauben. Er wollte diesen Glauben auch verstehen. Seine Devise »Fides quaerens intellectum« – »Der Glaube, der nach Einsicht sucht« – treibt mich an, bei jedem Buch neu zu versuchen, den Glauben so darzulegen, dass ich ihn selbst verstehe und dass die Leser und Leserinnen ihn für sich selbst verstehen können.

Vom Namen her auf mein Leben schauen

Sowohl von der Wortbedeutung als auch von der Heiligenvita her können wir auf den Menschen schauen, der einen bestimmten Namen trägt. Der Name wird uns dann den Blick öffnen, damit wir das Geheimnis dieses Menschen sehen. Ich möchte das am Beispiel meiner eigenen Familie beschreiben.

Meine Mutter hieß Mathilde. Der Name bedeutet »die mächtige Kämpferin«. Die heilige Mathilde war eine deutsche Königin, die sich im 10. Jahrhundert vor allem durch Klugheit und Wohltätigkeit auszeichnete. Wenn ich meine Mutter von ihrem Namen her betrachte, so entdecke ich einerseits in ihr die Kämpfende, die nie aufgab, andererseits auch die kluge Frau, die gerne anderen etwas schenkte. Ihr Name war wie ein »Programm«, in das sie hineingewachsen ist und durch das sie ihre eigenen Wurzeln entdeckt hat. Sie war sich nicht immer bewusst, dass ihr Wesen etwas mit ihrem Namen zu tun hat. Aber von außen her entdecke ich durch ihren Namen wesentliche Charakterzüge an ihr. Der Name ist wie eine Brille, durch die ich auf meine Mutter schaue und dadurch bestimmte Seiten an ihr sehe.

Mein Vater hieß Wilhelm, sein Name bedeutet »der willige Schützer«. Unter den verschiedenen

Heiligen, die diesen Namen tragen, wählten meine Großeltern für meinen Vater den heiligen Wilhelm von Aquitanien aus, der einer der fähigsten Staatsmänner am Hofe Kaiser Karls des Großen war und der sich als ausgezeichneter Feldherr im Kampf gegen die Sarazenen erwies. Doch er verließ den Kriegsdienst und auch seine Familie und lebte zuletzt als Einsiedler.

Wenn ich von diesem Namen her auf meinen Vater schaue, so entdecke ich in ihm auch den Schützenden. Er hat sich immer vor uns Kinder gestellt und wir haben seine Gegenwart als Schutz erfahren. Und er war trotz großer Familie auch ein Einsiedler, der jeden Sonntag den Gang nach Maria Eich – dem Kloster und Wallfahrtsort südlich von München – brauchte, um allein mit sich, mit der Natur und mit Gott zu sein. Aber er war auch ein Kämpfer. Er kämpfte gegen die Behörden, wenn die ihm als zu kleinkariert erschienen und durch ihre Enge zu ungerechten Entscheidungen kamen.

Ich möchte Sie, lieber Leser, liebe Leserin, einladen, einmal Ihren eigenen Namen zu meditieren. Fragen Sie sich zunächst, was Sie emotional mit Ihrem Namen verbinden.

Ich kenne Leute, die ihren Namen gar nicht mögen, weil er so außergewöhnlich ist. Ein Mann erzählte mir, dass er seinen Namen »Donatus« nie gemocht hat. Doch dann hat er sich mit dem Namen auseinandergesetzt und erkannt, dass er wunderbar ist. Denn er heißt ja: »Ich bin geschenkt.« Ich bin mir selbst und meinen Eltern geschenkt worden. Und ich bin ein Geschenk für andere.

Wenn ich die Bedeutung meines Namens oder die Qualität meines Namenspatrons meditiere, dann kann ich mich mit meinem Namen aussöhnen. Und ich kann im Blick auf meinen Namen neue Fähigkeiten und Möglichkeiten in mir entdecken, die sonst brachliegen würden.

Wir können – so sagt C. G. Jung – nicht nur unsere Schattenseiten verdrängen, sondern auch unsere Lichtseiten. Die Heiligen erinnern uns an die lichten Seiten, die auch in uns sind. Sie ermöglichen uns, uns von negativen Selbstbildern zu befreien. Sie wollen uns mit den Begabungen in Berührung bringen, die Gott uns geschenkt hat.

Ich möchte das an meinem Namen verdeutlichen. Meine Eltern nannten mich Wilhelm – dies sicher auch deshalb, weil mein Vater selbst so hieß. Der Name bedeutet »der willige Schützer«. Wenn ich diesen Namen höre, erinnere ich mich daran, dass ich meine Aufgabe darin sehe, schwache Menschen zu schützen: vor ihren eigenen Ängsten oder vor negativen Einflüssen von außen, denen sie zu viel Macht geben.

Beim Klostereintritt wählte ich den Namen Anselm. Mich faszinierte der heilige Anselm von Canterbury, der den Glauben mit der Vernunft verband. Darin sehe ich auch meine Aufgabe, bei allen Aussagen des Glaubens zu fragen, wie ich sie für mich verstehen kann.

Bei der Wahl meines Klosternamens habe ich nicht auf die Bedeutung des Namens geachtet. Die ist mir erst später aufgegangen. Anselm bedeutet »der von den Göttern Geschützte«. Wenn ich diesen Namen meditiere, erkenne ich viele Situationen, in denen mich Gott geschützt hat. Und ich bin dankbar für den Schutz, den mir Gott gewährt hat. Und ich spüre in diesem Namenswechsel beim Klostereintritt eine Richtungsänderung: Nicht mehr ich muss andere schützen, sondern auch ich erfahre im Kloster Gottes Schutz. Und weil ich von Gott geschützt bin, vermag ich anderen beizustehen und sie zu schützen.

Versuchen Sie selbst, liebe Leserin, lieber Leser, Ihren Namen in diesem dreifachen Sinn zu meditieren. Fragen Sie sich erstens, welche Bedeutung Ihre Eltern diesem Namen mitgegeben haben.

Lesen Sie zweitens nach, was der Name von seiner Etymologie, von seiner Sprachherkunft, her bedeutet. Dazu gibt es Lexika, die Ihnen Auskunft geben. Schauen Sie dann auch von dieser Bedeutung her auf Ihr Leben. Dann werden Sie sicher manches erkennen, was Sie bisher übersehen haben.

Lesen Sie drittens in den Heiligenbiografien oder Heiligenlegenden, was Ihr Namenspatron oder Ihre Namenspatronin repräsentiert. Und schauen Sie dann von der Gestalt Ihres Namenspatrons auf sich selbst. Vertrauen Sie darauf, dass manches von dem, was der oder die Heilige repräsentiert, auch in Ihnen an Fähigkeit und Möglichkeit vorhanden ist. So kommen Sie in Berührung mit dem Potenzial, das Gott Ihnen gewährt hat, und mit dem Geheimnis Ihrer eigenen Person.

Sie stehen in einer langen Reihe von Menschen, die Ihnen im Glauben vorangegangen sind. Spüren Sie die Wurzeln, die die Heiligen oder die Eltern und Großeltern, die diesen Namen getragen haben, für Sie darstellen. Und seien Sie dankbar, dass Sie gesunde und heilende Wurzeln in sich haben.

Um Ihre Wurzeln zu spüren, lade ich Sie zu einer Übung ein. Halten Sie Ihre Hände in Form einer Schale vor sich hin und schauen Sie in Ihre Hände hinein.

Wer in der Hand lesen kann, kann die Lebenslinie, die Gesundheitslinie und die Beziehungslinie entdecken. Diese Linien zeigen, was sich in meine Hände eingegraben hat. Die Hände offenbaren mir meine Wurzeln.

Was hat Gott mir in die Hand gelegt? Welche Fähigkeiten hat er mir geschenkt – vielleicht Kraft, Klarheit, Zärtlichkeit, Kreativität?

Was können diese Hände gut? Können sie gut zupacken, arbeiten, handeln, streicheln, Trost spenden, Halt geben, auffangen, Geborgenheit schenken? Gott selbst hat all das in meine Hand gelegt.

Und in meine Hände hat sich auch etwas von meinem Vater, meiner Mutter hineingegraben. Bei manchen sagen wir: Der hat Hände wie der Vater, wie die Mutter, wie der Großvater, wie die Großmutter. In unseren Händen verdichtet sich, was unsere Wurzeln ausmacht.

Halten Sie Ihre Hände Gott hin und danken Sie Gott für all das, was er Ihnen in die Hände gelegt hat.

Die geistliche Tradition sagt: Gott hat seinen Namen in meine Hand geschrieben und meinen Namen in seine Hand. (Vgl. Jesaja 49,16) Meine Hände zeigen mir somit schon die Verbindung mit Gott. Gottes Name ist in meine Hand geschrieben. Ich kann meine Hände nicht anschauen, ohne ihre Offenheit für Transzendenz und für Gott mitzudenken.

Meine Hände erinnern mich an Gottes Hand, die mich geformt hat. In Gottes Hand ist mein Name hineingeschrieben. Er hat mich mit Namen genannt. Daher brauche ich mich nicht zu fürchten, so wie es mir Gott verheißen hat:

Fürchte dich nicht, denn ich habe dich ausgelöst, ich habe dich beim Namen gerufen, du gehörst mir. Wenn du durchs Wasser schreitest, bin ich bei dir, wenn durch Ströme, dann reißen sie dich nicht fort. Wenn du durchs Feuer

gehst, wirst du nicht versengt, keine Flamme
wird dich verbrennen.

JESAJA 43,1f

Mein Name ist in Gottes Hand geschrieben. Gott
wird seine Hand schützend über mich halten, wenn
ich durch Feuer oder Wasser gehe, wenn mich die
Fluten mit sich reißen möchten oder die Hitze des
Kampfes mich zu verbrennen droht.

Gottes Hand wird mich auch auffangen, wenn ich
mich im Tod in sie hineinfallen lasse. So hat es mir
Jesus vorgemacht, wenn er am Kreuz betet: »Vater, in
deine Hände lege ich meinen Geist.« (Lukas 23,46)
Meine Hände verweisen mich auf Gottes Hände, in
die ich mich bergen kann, jetzt schon im Gebet – und
dann für immer im Tod.

*Betrachten Sie in Ihren Händen den Namen, der dort
hineingeschrieben ist. Wie fühlt sich Ihr Name an?
Tragen Sie diesen Namen gerne? Oder ärgern Sie sich
über Ihren Namen, weil er oft abgekürzt oder ver-
fälscht wird?*

*Halten Sie in Ihren Händen Ihren Namen Gott
hin und bitten Sie Gott, dass er Sie mit all dem segnen
möge, was in Ihrem Namen ausgedrückt ist.*

Die Lebensphilosophie der Vorfahren als Wurzel

Das Fest Allerseelen lädt uns ein, uns unserer Wurzeln bewusst zu werden, die wir von unseren Vorfahren haben. Es gibt verschiedene Wege, sich an die eigenen Wurzeln heranzutasten. Ich kann beispielsweise die Bilder meiner Eltern und Großeltern und – falls ich sie noch habe – meiner Urgroßeltern anschauen. Ich kann diese Bilder meditieren: Wo finde ich Ähnlichkeiten? Was erkenne ich in den Bildern? Was spiegeln die Gesichter wider? Wie haben meine Vorfahren ihr Leben gemeistert? Ist da eine Ausstrahlung von Gelassenheit und Zuversicht oder von Angst und Härte und Enge? Spüre ich in den Gesichtern Weisheit und Milde oder Oberflächlichkeit und Starre?

Manchmal entdecken wir gerade in den Bildern von Großeltern und Urgroßeltern Gemeinsamkeiten mit uns und unseren Geschwistern. Wenn wir diese Ähnlichkeit entdecken, dann fragen wir uns: Was hat diese Frau, dieser Mann repräsentiert? Was weiß ich von ihm? Was haben meine Eltern oder Großeltern von ihm oder ihr erzählt?

Wenn ich die Bilder meiner Eltern und Großeltern anschaue, dann sehe ich mich darin selbst wie in einem Spiegel. Ich erkenne immer auch etwas von mir in den Gesichtern meiner Vorfahren. Indem ich die Bilder meditiere, schaue ich in das Geheimnis meiner eigenen Seele. Und ich entdecke in mir Wurzeln, die mir bisher so noch nicht bewusst waren.

Lebensweisheiten der Vorfahren

Ich kann auch nach der Lebensphilosophie meiner Vorfahren fragen: Wie haben sie ihr Leben bewältigt? Wie sind sie durch die Krisen und Konflikte hindurchgekommen? Was hat sie in Zeiten von Armut und Krankheit, von Krieg und Flucht getragen?

Ich kann bei meinen Vorfahren Zähigkeit und Kraft entdecken und darauf vertrauen, dass etwas von dieser Kraft auch in mir ist. Ich habe teil an ihren Wurzeln. Was weiß ich von ihrer Geschichte? Und was weiß ich von ihrer Lebensphilosophie?

Um die Lebensphilosophie meiner Vorfahren zu entdecken, wäre es wichtig, Geschichten zu erzählen, die mir meine Eltern von den Großeltern erzählt haben. Solche Geschichten bringen uns den Großeltern und auch den Urgroßeltern näher. Und es ist gut, wenn die Geschwister untereinander über ihre verstorbenen Eltern reden und sich im Gespräch an manches erinnern.

Wenn ich im Urlaub mit meinen Geschwistern abends noch bei einem Glas Wein zusammensitze, sprechen wir oft über verschiedene Erlebnisse mit unseren Eltern. Dabei wird uns deutlich, was unsere Eltern ausgemacht hat, wie sie gelebt und ihr Leben gemeistert haben. Und wir erkennen, welche typischen Redeweisen sie hatten. An ihren Lieblingsworten wird uns deutlich, aus welcher Lebensphilosophie und Lebenseinstellung heraus sie gelebt haben.

Mein Vater hatte auch immer typische Sätze zur Hand. Manchmal haben wir als Jugendliche darüber gelacht. Heute geht uns die Weisheit seiner Sätze auf. Er sagte immer wieder: »Man muss jedem mit wohlwollender Güte begegnen.« Diese Formulierung fanden wir zu blumig. Aber er hat im Umgang mit den Kunden seines Elektrogeschäfts und mit den Menschen in der Pfarrei diese Grundhaltung verwirklicht.

Wenn wir manchmal am Tisch über andere Leute redeten und über sie herzogen, dann wurde er immer streng: »Über andere redet man nicht.« Diese Grundhaltung meines Vaters wirkt heute noch in mir weiter. Wenn ich von Medien über andere Menschen gefragt werde, antworte ich ähnlich wie mein Vater: »Ich rede nicht über andere, weil ich sie nicht kenne. Ich maße mir kein Urteil über andere an, weil ich ihre Geschichte und ihre Motive nicht kenne.«

Meine Mutter meinte oft: »Man darf nie die Hoffnung verlieren.« Und wenn es schwierig wurde im Leben, sagte sie mit einer optimistischen Grundhaltung: »Jeder muss halt sein Kreuz tragen.« Und: »Man darf nie aufgeben. Es gibt immer noch einen Weg.« Ich bin dankbar für diese optimistische Grundhaltung meiner Mutter. Sie ist für mich eine Wurzel, die mir immer dann Kraft gegeben hat, wenn es im Leben schwierig wurde. Und die praktische Art meiner Mutter hat mich ermutigt, nicht zu jammern, sondern die Dinge anzupacken.

Ein anderes Wort meiner Mutter, das sie im Alter oft sagte, war: »Man soll mit warmen Händen geben.« Damit meinte sie: Solange wir leben, sollten wir anderen geben und schenken, was wir empfangen haben. Sie kommentierte mit diesen Worten die Verhaltensweisen von Menschen, die sich an ihrem Besitz festklammerten und meinten, sie könnten ihn dann ihren Kindern vererben. Aber das führt meistens nur zu Streit. Und es macht den Menschen nicht glücklich. Geben zu können war für meine Mutter etwas Wichtiges. Sie war glücklich, wenn sie andere beschenken konnte.

Wenn ich diese Worte meiner Eltern meditiere und wenn ich über ihre Lebenseinstellung nachdenke, spüre ich, wie viel positive Grundhaltung sie mir vermittelt haben. Die Wurzeln, die ich von ihnen empfangen habe, waren gesund. Und sie sind der Grund für das, was ich heute leisten kann. Ich verbrauche nicht so viel Energie mit Jammern und ängstlichem Starren auf die Probleme. Dank der Wurzeln meiner Eltern gehe ich die Dinge an, die anstehen.

Auch im Gespräch mit Mitbrüdern und mit den Menschen, die ich begleite, erfahre ich oft typische Sätze, die ihre Vorbilder oder Vorfahren geprägt haben. Unser früherer Abt Burkard Utz in Münsterschwarzach hat sich immer dann, wenn etwas

Schwieriges auf ihn zukam, den Satz vorgesagt: »Wie's kommt, wird's g'fressen.« Das hat ihm die Kraft gegeben, die Dinge einfach anzunehmen und mit der jeweiligen Herausforderung pragmatisch umzugehen. Statt zu jammern, hat er angepackt.

Ein junger Mann erzählte mir, dass sein Vater bei allem Schweren, das er zu erledigen hatte, sich immer vorsagte: »In Gottes Namen!« Dieser Ausruf hat ihm Mut gemacht, die Dinge anzupacken. Unser Buchhalter in der Klosterverwaltung in Münsterschwarzach zitiert immer wieder seinen Vater und Großvater. Deren Lebensweisheit drückt sich beispielsweise in folgendem Satz aus: »Die größten Kreuze machen wir uns selbst.« Und von seinem Vater, der als Landwirt gelernt hat, hart zu verhandeln, hat er gelernt: »Man muss dem, mit dem man verhandelt, auch später noch in die Augen schauen können.« Ich darf den anderen nie über den Tisch ziehen, sondern will ihn immer so achten, dass ich ihm später gerne begegne und wir uns an das Verhandlungsgespräch gerne zurückerinnern.

Jeder von uns kennt solche Weisheitssätze seiner Eltern und Großeltern. Oft sind es auch Sprichwörter, die sie gerne zitieren: »Es ist noch kein Meister vom Himmel gefallen.« Oder: »Ohne Fleiß kein Preis.« Mit solchen oder anderen Sprichwörtern haben die Vorfahren ihr Leben bewältigt.

Die Grundhaltungen der Vorfahren

Es sind aber nicht nur die Sätze, die die Lebensphilosophie unserer Vorfahren zum Ausdruck bringen. Es ist auch ihre Grundhaltung.

Bei meinem Vater spürte ich die Grundhaltung der Freiheit. Er war ein freiheitsliebender Mensch. Er hat auch viel gewagt. Er ist aus einer sicheren Stellung, die er als Kaufmann in einem Bergwerk in Essen-Katernberg hatte, völlig ungesichert ins katholische Bayern gezogen. Denn er hat sich geärgert, dass er an einem katholischen Feiertag wie Dreikönig arbeiten musste.

Meinem Vater war der Glauben wichtiger als die äußere Sicherheit. Er hat viel gewagt und ohne jede Mittel ein Geschäft aufgebaut. Er war allergisch gegenüber bürokratischen Schikanen von Behörden. Gegen solche konnte er mit allen Mitteln kämpfen. Diese Haltung gegenüber kleinlichen Vorschriften habe ich von ihm geerbt.

Und von ihm habe ich sicher auch die religiöse Suche übernommen. Mein Vater hat immer religiöse Bücher gelesen und ist jeden Tag in die Eucharistiefeier gegangen. Das war für ihn selbstverständlich. Er hat es von uns nicht verlangt. Aber wir spürten, dass ihn das trägt. Und so trägt es auch uns heute noch. Alle meine Geschwister sind noch in der Kirche engagiert.

Bei meiner Mutter spürte ich auf der einen Seite eine Art »Bauernschläue«. Sie stammte aus einem Bauernhof in der Eifel. Sie hatte eine alltägliche Klugheit, die sie im Leben zeigte. Und sie hatte immer eine optimistische Grundhaltung, die sie nie verzagen ließ. Bis ins hohe Alter hinein war sie bereit, weiterzulernen. Sie war offen für neue Entwicklungen. Sie hat nichts dogmatisch gesehen, sondern immer nur von ihrem Herzen her gehandelt. Sie hat ihrem Gespür getraut und sich nicht von dogmatischen Engführungen davon abhalten lassen, das zu tun, was sie als richtig empfand. Für sie war ihr Elternhaus zu eng. Sie ging daher in ein benachbartes Dorf, um Verkäuferin zu lernen. Und sie wagte es, aus dem kleinen Eifeldorf ihrem Mann nach nur einem halben Jahr Freundschaft in die ferne Großstadt München zu folgen.

Der Bruder meines Vaters war Mönch in der Abtei Münsterschwarzach. Mit ihm habe ich oft vor und nach meinem Klostereintritt korrespondiert. Wenn mich die Enge der Gemeinschaft oder der Ausbildung geärgert hat, habe ich ihm geschrieben. Ich beklagte, wie kleinkariert die Gemeinschaft sei und wie wenig sie für die Ausbildung tue. Er schrieb dann immer zurück und verteidigte die Gemeinschaft. Aber er kämpfte auch dafür, dass wir eine gediegene theologische und philosophische Ausbildung bekamen.

Als er aus der Jugendbewegung ins Kloster eintrat, hat mein Onkel auch für mehr Offenheit gekämpft. Er konnte es nicht haben, wenn Theologiestudenten träge waren und nur das Nötigste studierten. Ihm war es wichtig, in die Auseinandersetzungen der Zeit einzugreifen. Und dazu brauchte es eine gute philosophische Bildung.

Sein kämpferisches Element ist für mich auch eine Wurzel. Ich spüre, ich kann nicht einfach gelassen alles so lassen, wie es ist. Es war mir immer wichtig, viel zu studieren, um die Menschen kennenzulernen und so eine theologische Antwort zu entwickeln, die wirklich auf ihre Fragen eingeht und ihre Sehnsucht anspricht.

Die Schwester meiner Mutter war Steyler Missionsschwester. Als Schwester hatte sie den Namen »Sophiane – »die Weise« – angenommen. Sie strahlte für mich immer eine grenzenlose Güte aus. Meine Mutter ist nach dem Tod meines Vaters immer mit ihr in Urlaub gefahren. Sie hatten als alte Frauen immer viel Spaß miteinander. Und sie bewahrten sich auch das Kindliche. Sie gingen leidenschaftlich gerne am Urlaubsort Geschäfte anschauen, obwohl sie sich nichts mehr kauften. Aber dabei kam die kindliche Neugier hoch. Von meiner Tante hat mich immer diese mütterliche Wärme fasziniert. Und ich versuchte, in meinem Leben diese Qualität von Wärme und Geborgenheit zu entwickeln und weiterzugeben.

Die Botschaft der Verstorbenen

Es gibt für mich noch eine andere Weise, meine Wurzeln in meinen verstorbenen Vorfahren zu finden. Sie besteht darin, meinen Eltern oder Großeltern oder den Menschen, mit denen ich nahe zusammen war, Fragen zu stellen: Was wolltest du mit deinem Leben vermitteln? Was ist die Botschaft, die du durch dein Leben und durch dein Sterben an mich richtest? Wie soll ich mit meinem Leben auf dein Leben antworten?

Oft habe ich die Botschaft der Menschen in meiner Nähe nicht verstanden, solange sie lebten. Wenn sie gestorben sind, geht mir oft auf, was sie eigentlich wollten. Sie konnten ihre Botschaft nicht so ausdrücken, wie sie es gerne gewollt hätten. Ihre eigene Lebensgeschichte hat sie daran gehindert und ihre Lebensmuster haben manches getrübt. Jetzt aber wird es mir klar. Ich bekomme Achtung vor ihrem Leben. Ich muss ihr Leben nicht verherrlichen. Ihre Grenzen und Schwächen habe ich auch mitbekommen. Aber sie haben auf ihre Weise ihr Leben gelebt. Sie hatten eine Vision für ihr Leben und sie haben nicht aufgegeben.

Ein Mitbruder, der mich sehr geprägt hat, war Godehard Joppich. Er hat die Choralschola geleitet,

als ich in Rom studierte. Dort hat er mit uns die großen Gradualien der Fastenzeit eingeübt. Ich spürte,
wie er diese Texte und ihre Vertonung existenziell
nachempfand. Da ging es immer wieder um die Ge-
fährdung unseres Lebens und um das Vertrauen, dass
Gott uns zur Seite steht. In Münsterschwarzach hat
er dann als erster Kantor die Schola geleitet. Ich habe
gerne mit ihm gesungen. Er war selbst so bewegt von
dem, was er sang, dass ihm manchmal beim Singen
die Tränen herunter rannen. Da spürte ich, welche
Kraft in den alten Choralgesängen lag. Wenn manche Mitbrüder in der Schola darüber klagten, dass er
das Osterhalleluja zu hoch anstimmte, meinte er nur:
»Es ist doch Ostern. Da muss man doch bis an die
Grenze gehen.«

Mit 58 Jahren hat Godehard unsere Gemeinschaft
verlassen und hat geheiratet. Aber auch dann war der
Choral seine Welt. Er hat eine Choralschola gegrün-
det und viele Konzerte gegeben. Und er war immer
noch mit unserer Gemeinschaft verbunden. Er hat
mir im Gespräch immer wieder den Reichtum von
einzelnen Choralgesängen aufgeschlossen. Und er hat
wie kaum einer die Spiritualität des Choralgesangs
persönlich gelebt.

Die Menschen, denen wir wichtige Wurzeln ver-
danken, sind nicht immer perfekte Menschen gewesen. Gerade auch gebrochene Menschen haben
uns ihr offenes Herz gezeigt und uns damit etwas
geschenkt, was unsere Wurzeln nährt. Deshalb ist es

wichtig, dass wir sie ehren. Nur wenn wir sie ehren, haben wir Anteil an dem, was sie leben wollten und an ihrer Botschaft. Auch wenn ihr Leben nach außen hin gescheitert ist, so haben sie doch eine wichtige Botschaft an uns. Es steht uns nicht zu, über sie zu urteilen. Wir sollten in aller Demut auf die Botschaft hören, die sie an uns richten. Dann können wir unser Leben leben und alles zur Entfaltung bringen, was Gott uns geschenkt hat.

Ein anderer Mitbruder, dem ich viel verdanke, ist mein Novizenmeister Pater Augustin. Er war ein sehr sensibler Musiker. Als Organist hat er unsere Gottesdienste in der Abtei Münsterschwarzach geprägt. Er hat mir einmal erzählt, dass er als junger Mönch ein ganzes Jahr lang in der Betrachtungszeit den Introitus, das Eingangsstück zur Eucharistiefeier des jeweiligen Tages meditiert hat – einmal von seinem Text her, dann aber auch von der Melodie her. Das nächste Jahr hat er dann den Allelujavers und im dritten Jahr das Offertorium, den Gesang zur Gabenbereitung, und später die Communio, den Gesang zur Kommunion, meditiert.

Die Liebe Pater Augustins zum Choral prägt mich bis heute. Und aus dieser Wurzel lebe ich auch jetzt noch. Wenn wir im Gottesdienst Choral singen, staune ich immer wieder über die Texte, die die frühe Kirche ausgesucht hat, um das Geheimnis des jeweiligen Festes zu beschreiben. Und ich staune über die musikalische Gestaltung dieses Textes. In beidem erkenne ich, wie tief die Menschen früherer Zeiten die biblischen Worte meditiert und woraus sie selbst gelebt haben. Indem ich gleichsam mit ihnen Choral singe, habe ich teil an ihren Wurzeln, an den Wurzeln von Pater Augustin, aber auch an den Wurzeln des Mönches Hartker von St. Gallen, der sich 40 Jahre lang zurückgezogen hat, um die Neumen, die musikalischen Interpretationszeichen, aufzuschreiben.

Godehard Joppich, der lange Kantor in unserer Abtei war, hat über diesen Hartker einmal gesagt: »Im 10. Jahrhundert war die Welt schon so laut geworden, dass es eines vierzigjährigen Schweigens bedurfte, um das Wort Gottes für uns so hörbar zu machen, dass seine heilende Wirkung für uns spürbar wird.« Ich spüre, dass solche Sätze, die ein Mitbruder einmal gesagt hat, tief in mein Herz gefallen sind. Sie haben sich in mein Herz eingewurzelt und befähigen es, manches intensiver zu erfahren.

So geht es mir jedes Mal bei der ersten Vesper von Allerheiligen. Wir singen sie in Latein. Und ich erinnere mich dann immer an Pater Augustinus, der uns im Noviziat erzählte, wie er im Jahr 1940 in Frankreich als Soldat im Feld stand. Um ihn herum war das laute Grölen der Soldaten, die sich am Wein, den sie erbeutet hatten, gütlich taten. Da erinnerte er sich: Jetzt singen meine Mitbrüder in der Abtei in Münsterschwarzach die erste Antiphon von Allerheiligen »Vidi turbam magnam« – »Ich sah eine große Zahl, die niemand zählen konnte.« Mitten in der rauen Kriegssituation hat ihm die Erinnerung an diese Antiphon den Himmel geöffnet. So spüre ich heute beim Singen dieser Antiphon immer den Himmel offen. Und ich stelle mir vor, wie Pater Augustin diese Antiphon jetzt als Schauender und Vollendeter mitsingt.

Eine Frau erzählte mir von ihrem Mann, der Depressionen hatte und eines Tages Suizid beging. Natürlich war sein Tod für sie ein Schock. Aber sie konnte ihn auch verstehen. Sie wusste, dass er zu sensibel war, um in dieser Welt bestehen zu können. Nach seinem Tod ging ihr manches auf, was er gelesen und geschrieben und immer wieder einmal gesagt hat. Ihr wurde klar, welche »Philosophie« und Lebenseinstellung er hatte. Aber seine Vision ließ sich nicht mit den Begrenzungen verwirklichen, die er von seiner Psyche her hatte. Darunter hat er gelitten. Jetzt aber wird der Frau nach dem Tod ihres Mannes seine Vision immer klarer. Und sie spürt, dass er eine Botschaft an sie hat. Er bildet für sie nun eine Wurzel, aus der sie leben kann. Dies ist keine biologische Wurzel. Denn die Frau stammt nicht von ihrem Mann ab. Aber auch die Menschen, mit denen wir leben, werden für uns zur Wurzel, wenn wir ihr Lebensgeheimnis meditieren und zu verstehen suchen.

Im November besuchen wir gerne die Gräber unserer Verstorbenen. Bei einer solchen Gelegenheit ist es gut, am Grab einmal innezuhalten und in einen

Dialog mit dem Verstorbenen zu treten: Was war dir wichtig in deinem Leben? Was habe ich von dir gelernt? Was wolltest du mit deinem Leben vermitteln? Was ist deine Botschaft jetzt an mich? Was willst du mir sagen?

Wenn ich diese Fragen an den Verstorbenen stelle, achte ich zugleich auf meine Gefühle: Welche Gefühle steigen in mir hoch, wenn ich mich an dieses oder jenes Ereignis aus dem Leben des Verstorbenen, wenn ich mich an diese oder jene Worte von ihm erinnere? Was trage ich von ihm jetzt in meinem Herzen? Wo prägt er meine Wurzeln, aus denen ich heute lebe?

Versuchen Sie, gut dazustehen – wie ein Baum. Spüren Sie Ihre Fußsohlen und stellen Sie sich vor, wie Sie sich tief in der Erde verwurzeln. Lenken Sie Ihr Ausatmen durch die Fußsohlen in die Erde hinein, sodass sich der Atem immer tiefer in die Erde eingräbt.

Überlegen Sie, was Ihre Wurzeln sind. Und stellen Sie sich vor, dass Sie tief verwurzelt in einem guten Erdreich Halt finden.

Dann gehen Sie mit Ihrem Bewusstsein in die Bauchmitte und stellen Sie sich vor, dass Sie in Ihrer Mitte ruhen. Stellen Sie sich nun vor, wie Ihr Körper als Baum eine große Krone entfaltet.

Stehen Sie aufrecht, damit Ihre Baumkrone bis zum Himmel reichen kann.

Stellen Sie sich vor: Mein Atem verbindet in mir Him-
mel und Erde. Beim Ausatmen lasse ich den Atem bis
in die Fußsohlen und in die Erde hineinströmen. Beim
Einatmen ziehe ich den Atem aus der Erde in den
Leib bis hin zum Kopf und über den Kopf hinaus bis
zum Himmel. Das Einatmen strömt von der Erde zum
Himmel und das Ausatmen vom Himmel zur Erde. So
verbindet der Atem in mir Himmel und Erde, Geist
und Materie, Gott und Mensch, meine Herkunft und
meine Zukunft.

Die Wurzeln reinigen

In der geistlichen Begleitung spreche ich oft mit Menschen, die nicht gerne an ihre Eltern denken. Sie erinnern sich vor allem an die Defizite, die sie erfahren haben, und an die Verletzungen und Kränkungen, die ihr Leben beeinträchtigt und oftmals auch beschädigt haben.

Es ist wichtig, dass wir die Verletzungen und Kränkungen unserer Lebensgeschichte anschauen und uns mit ihnen aussöhnen. Wenn wir sie überspringen, holen sie uns immer wieder ein. Doch wir sollen auch nicht bei den alten Verletzungen stehen bleiben. Tun wir dies, bleiben wir immer auf der Anklagebank sitzen und werfen unseren Eltern vor, sie seien schuld daran, dass unser Leben nicht gelingt.

Der Psychoanalytiker C. G. Jung wehrt sich gegen eine solche Haltung. Er sagt, irgendwann sei es nicht mehr so wichtig, wie meine Kindheit gewesen sei. Irgendwann müsse ich die Verantwortung für mein

Leben übernehmen und mir sagen: Das ist meine Geschichte.

Mein konkretes Leben ist das Material, mit dem ich arbeiten kann und muss. Aber ich kann aus jedem Material eine schöne Figur formen. Aus Stein kann ich eine wunderbare Statue hauen, aus Holz eine zierliche Figur schnitzen und aus Ton etwas Schönes formen. Ich muss nur materialgerecht arbeiten. Ich muss das Material meiner Lebensgeschichte akzeptieren. Dann kann ich es auch formen.

Natürlich gibt es bei unterschiedlichen Menschen auch verschiedene Voraussetzungen. Es gibt Menschen, die von früher Kindheit an spüren: Mein Leben ist brüchig. Mir fehlt eine Mutter, die mich versteht und bei der ich mich geborgen erfahre. Mir fehlt ein Vater, an den ich mich anlehnen kann, der mir Kraft verleiht, meinen Weg ins Leben zu gehen. Oder es gibt Menschen, die spüren: Meine Mutter tut mir nicht gut. Ihre destruktive Weise zieht mich jedes Mal nach unten, wenn ich mit ihr spreche. Ich brauche Distanz, um meine eigene Identität zu finden. Oder ich muss mich meinem Vater und seiner Rechthaberei gegenüber abgrenzen. In seiner Nähe kann ich nicht zu mir finden. Solche Zeiten größerer Distanz können heilsam sein. Aber man sollte sich nie ganz von den Wurzeln der Eltern abschneiden, denn dann würden wir uns selbst beschneiden.

Die Defizite betrauern

Es gilt, die Defizite zu betrauern, die wir im Umgang mit den Eltern erfahren haben. Vielleicht wird mir beim Nachdenken über meine Kindheit klar: Ich hatte nicht die ideale Mutter. Sie hat mir nicht die Geborgenheit geschenkt, die ich gebraucht hätte. Sie war nicht fähig, Zärtlichkeit zu zeigen. Sie war zu sehr mit sich und ihren Problemen beschäftigt, sodass sie kein Ohr für mich hatte. Ich konnte ihr nicht vertrauen. Ich konnte es ihr nicht sagen, wenn es mir nicht so gut ging.

Oder ich hatte nicht den idealen Vater. Er war oft abwesend. Und auch wenn er zu Hause war, war er nicht für mich da. Ich hatte immer den Eindruck, dass wir Kinder ihm lästig sind. Er hatte immer Recht und wollte sich nicht anhören, was wir zu sagen hatten. Er war in sich selbst schwach und konnte mir nicht den Rücken stärken. Er hat nicht zu mir gestanden und ich konnte mich nicht an ihn anlehnen. Es tut mir weh, wenn ich daran denke, welche Sehnsucht nach einem starken Vater in mir war und wie allein ich mich gefühlt habe.

Wenn ich betraure, dass ich nicht den Vater und die Mutter hatte, die ich mir gewünscht hätte, komme ich durch den Schmerz hindurch mit dem

Grund meiner Seele in Berührung. Dort entdecke ich das Potenzial, das mir Gott geschenkt hat, aber auch das Potenzial, das mir in der Auseinandersetzung mit meinen Eltern zugewachsen ist. Weil Vater und Mutter begrenzt waren, haben sie mich herausgefordert, mein Leben selbst in die Hand zu nehmen, Ehrgeiz zu entwickeln und anders zu leben. Sie haben mich gerade durch ihre Grenzen zu dem Menschen gemacht, der ich heute bin.

Mihaly Csikszentmihalyi, der Entdecker des Flow-Prinzips, meint, er sei skeptisch, wenn Menschen immer in der Vergangenheit die Ursache ihres nicht gelingenden Lebens sehen wollen. Er meint:

> Egal, wie du aufgewachsen bist, ob du schlechte oder eher gute Bedingungen in deinem Elternhaus vorgefunden hast – du kannst dein Leben zu einem Kunstwerk machen.
> CSIKSZENTMIHALYI 107f

Er hat viel über Kreativität geforscht. Dabei war er »sehr erstaunt, dass diese kreativen Menschen oft aus verheerenden Familienkonstellationen kamen, wo die Eltern, beide oder nur ein Elternteil, Alkoholiker, tot oder sterbenskrank waren und wo sie in äußerst armen Verhältnissen aufwuchsen, ihnen nichts geboten werden konnte«. (Csikszentmihalyi 108)

Auch schwierige Verhältnisse können zu einer Wurzel für mich werden. Denn sie können mich anregen, meine Wurzeln tiefer zu graben, in den Wurzelgrund meiner eigenen Seele oder in den göttlichen Wurzelgrund zu gelangen, sodass ich mich schon früh Gott öffne und die Fähigkeiten entwickle, die mir Gott geschenkt hat.

Ich bin dankbar für mein Leben und für das, was ich daraus gemacht habe. Durch das Betrauern hindurch entdecke ich auch all das Gute, das mir die Eltern geschenkt haben. Ich erkenne, dass ich in meinen Eltern trotz aller Brüchigkeit auch gesunde Wurzeln habe. Trotz aller Defizite waren sie doch meine Mutter und mein Vater. Und sie haben mir gegeben, was sie geben konnten.

Es gibt keine Eltern, die ihren Kindern nichts gegeben haben. Sie haben gegeben, was sie konnten. Für manche Kinder war es vielleicht nicht genug. Aber trotzdem haben Eltern etwas gegeben. Und das soll ich als Kind nehmen. Das sind Wurzeln, aus denen ich leben kann.

Ich kenne Menschen, die von ihrer Mutter zur Adoption freigegeben wurden. Sie haben die eigene Mutter gar nicht erlebt. Und sie haben das Gefühl, ihre Mutter habe sie abgelehnt. Ich versuche dann zu sagen: »Immerhin hat deine Mutter dich ausgetragen. Sie hat Ja zu dir gesagt. Vielleicht war sie überfordert mit der Erziehung, weil die äußeren Verhältnisse es nicht zuließen. Aber sie hat trotzdem Ja zu dir gesagt.« Und ich zitiere gerne das biblische Wort:

Vergiss niemals die Schmerzen deiner Mutter!
Denk daran, dass sie dir das Leben gab.
JESUS SIRACH 7,27f

Jeder von uns kann das sagen: Auch wenn ich viel an meiner Mutter vermisse, so hat sie mir doch das Leben gegeben. Und sie hat mich neun Monate ausgetragen. Sie hat mich unter Schmerzen geboren. Und vielleicht war auch ihr Muttersein voller Schmerzen. Vielleicht hat sie selbst daran gelitten, dass sie nicht die ideale Mutter war, die sie sein wollte.

Kinder sind oft enttäuscht, wenn der Vater sie verlässt. Er trennt sich von ihrer Mutter und lässt sie allein. Manchmal schlägt diese Enttäuschung in Hass um. Die Kinder wollen dann nichts mehr von ihrem Vater wissen. Manchmal ist es auch der Vater, der den Kontakt mit den Kindern vernachlässigt. Das verletzt die Kinder. Aber auch in solchen Situationen ist es wichtig, die Wurzel nicht abzuschneiden. Immerhin bleibt er ihr Vater.

Oft erzählen mir Väter, dass sie so gerne eine gute Beziehung zu ihren Kindern hätten. Aber sie haben den Eindruck, dass sie keine Chance hätten, weil ihre Ex-Frau sie bei den Kindern schlechtmacht und sie als Unmenschen hinstellt. Wenn Kinder dann trotzdem Kontakt mit dem Vater aufnehmen, erleben sie oft seine eigene Brüchigkeit, aber auch seine Offenheit und seine Sehnsucht, für sie zu sorgen und sie zu stützen. Dann kommen die Kinder wieder in Berührung mit ihrer Vaterwurzel. Das tut ihnen gut.

Trotz allem bleibt das Betrauern, dass die Eltern sich getrennt haben und dass wir nicht in einer intakten, sondern in einer zerbrochenen Familie leben. Wer betrauert, kommt mit dem Potenzial seiner eigenen Seele in Berührung. Und dort entdeckt er auch die Wurzeln, aus denen er leben kann. Wer nicht trauert, der bleibt im Selbstmitleid stecken und kommt nicht weiter. Oder aber er flüchtet sich in die Anklage gegen seinen Vater oder seine Mutter. Die Anklage macht ihn hart und bitter und schneidet ihn von seinem eigenen Herzen ab und von den Wurzeln, die er so nötig hätte, um leben zu können.

Vergiftete Wurzeln entgiften

Frauen, die in ihrer Kindheit sexuell missbraucht worden sind, fühlen sich oft von ihren Wurzeln abgeschnitten. Der Missbrauch hat ihre Wurzeln vergiftet. Wenn der eigene Vater das Mädchen missbraucht hat, dann ist die Vaterwurzel vergiftet. Die Tochter kann gar nicht an den Vater denken, ohne an den Missbrauch erinnert zu werden.

Manchmal schützt sich die Seele dann dadurch, dass die Betroffene sich an nichts mehr erinnert. Die Seele löscht alle Erinnerung an das schmerzhafte Geschehen aus. Doch diese Unfähigkeit, sich zu erinnern, erstreckt sich dann auch auf alle Bereiche der Kindheit. Man kann sich dann auch gar nicht mehr an schöne Erlebnisse erinnern. Die Kindheit ist wie abgeschnitten.

Oft ist in solchen Fällen auch die Mutterwurzel vergiftet. Denn die Mutter hat vielleicht geahnt, dass ein Missbrauch stattfindet. Aber sie hat ihre Tochter nicht geschützt. Und die Tochter traute sich nicht, es der Mutter zu sagen, weil sie Angst hatte, die Mutter würde sie nicht ernst nehmen und zum Vater stehen.

Wenn die Vater- und Mutterwurzel vergiftet sind, ist es notwendig, die Wurzeln zu entgiften und zu reinigen. Dazu gibt es verschiedene Wege. Einmal könnte die betroffene Frau versuchen, sich an Situationen vor dem Missbrauch zu erinnern. Sie kann sich die inneren Bilder anschauen, die sie als Kind zeigen, bevor der Missbrauch geschehen ist. In diesen Bildern kann sie etwas von der Lebensfreude des Kindes erahnen und erkennen. Oder sie kann sich erinnern, dass sie als Kind gerne bei den Großeltern war. Dort war ein geschützter Raum. Dort hatte der Missbrauch keinen Zutritt.

Solche Erinnerungen an heile Orte außerhalb des Missbrauchs sind notwendig, um sich vom Missbrauch etwas distanzieren zu können. In der heutigen Trauma-Therapie werden die Klienten eingeladen, sich an solche schützenden Räume zu erinnern oder – falls die Erinnerung zu schwach ist – sich solche vorzustellen.

Wenn der Missbrauch schon sehr früh war, dann ist dieser Weg allerdings nicht möglich. Die Frau kann sich an keine heile Zeit erinnern. Und sie kann sich kaum gegen das Gefühl schützen, dass ihr Leben von Beginn an brüchig und beschädigt ist. Dann bleibt nur die Möglichkeit, in sich selbst Wurzeln zu entdecken, die helfen, diesen Missbrauch zu überstehen und trotzdem das Leben zu wagen.

Jedes Opfer hat in sich gesunde Wurzeln. Es hat in sich die Fähigkeit, sich vom Missbrauch zu distanzieren und sich innere Räume auszudenken, in denen es geschützt ist. Jedes Opfer hat sich als Kind unbewusst Strategien ausgedacht, um trotz des Missbrauchs nicht unterzugehen. Oft hat es den Missbrauch abgespalten. Allerdings gelingt das Abspalten nicht immer. Dann ist es notwendig, die Wurzeln zu reinigen.

Ein Weg der Reinigung geht über das Nachdenken. Eine missbrauchte Tochter denkt dabei über den Vater nach, der sie missbraucht hat: War er nur der Missbraucher oder gibt es in ihm auch andere Wurzeln, die gesund sind? War er ganz und gar ein Unmensch oder war er feinfühlig und hat mich durchaus geliebt? Was waren die Beweggründe für seine Tat? War er einfach seinem sexuellen Trieb nicht gewachsen? Warum hat er diesen an seiner Tochter ausgelebt? Hat er sich vor seiner Sexualität geschämt, wenn er mit seiner Frau sexuellen Kontakt versucht hat? Hat er bei mir seine Impotenz, die er bei seiner Frau erlebte, kompensiert? Oder war er nicht bereit, die Beziehung zu seiner Frau zu klären? Stattdessen hat er sich an mir vergriffen. Das war für ihn einfacher. Wie muss es in meinem Vater ausgesehen haben, dass er zum Missbrauch fähig war?

Der Vater war nicht nur der, der missbraucht hat. Er hatte auch andere Seiten, die allerdings durch den Missbrauch verdunkelt worden sind. Vielleicht kann ich seine innere Not spüren, dass er mit seiner Sexualität nicht zurechtkam, dass er sich selbst nicht in der Hand hatte, sondern getrieben und innerlich zerrissen war.

Durch den Missbrauch ist auch die Wurzel der Mutter verdunkelt. Denn sie hat mich nicht geschützt. Aber durch all diese Enttäuschungen hindurch kann ich doch auch erkennen, was sie leben wollte und vielleicht nicht leben konnte.

Die Erinnerung an die Eltern wird immer wieder durch den Missbrauch getrübt sein. Aber ich kann durch all das Trübe hindurch an die ursprünglichen Wurzeln gelangen. Wenn ich die Wurzel abschneide, fehlt mir etwas. Deshalb muss ich die Wurzel reinigen, sonst vergiftet sie mich.

Ein anderer Weg der Reinigung der Wurzel geschieht dadurch, dass ich durch das Gefühl des Missbrauchs – durch den Schmerz, durch die Wut, durch das Ekelgefühl und durch die Schuldgefühle – hindurch bis in den Grund meiner Seele gehe. Dort auf dem Grund meiner Seele hat der Missbrauch keinen Zutritt. Dort bin ich heil und ganz. Von dieser inneren Wurzel her kann ich mich aufrichten.

Es gibt trotz der tiefen Verletzung durch den Missbrauch einen heilen Raum in mir, in dem ich frei bin von der verletzenden Macht meines Vaters oder des Mannes, der mich in meiner Kindheit missbraucht hat. Wenn ich mich in diesen inneren Raum flüchte, fühle ich mich geborgen und getragen, geschützt und geliebt, heil und ganz, rein und klar, unverletzt und unverbogen. Dort berühre ich die reinen Wurzeln, die Gott in meine Seele gelegt hat. Diese können meinen Lebensbaum mit reinem und stärkendem Saft durchtränken. Für mich ist das ein wichtiger Weg der Heilung und Reinigung der Wurzeln. Unterhalb der tiefsten Verletzungen – ganz gleich ob es Missbrauch oder Vernachlässigung oder Kränkung und Beschämung war – ist in mir ein Raum der Stille. Jesus sagt von diesem Raum, dass das Reich Gottes in uns ist.

Dort, wo das Reich Gottes in mir ist, haben die Menschen, die mich verletzt haben, keinen Zutritt. Dort ist mein innerster Kern heil geblieben. Die Verletzung hat ihn nicht berührt. Und dort sind auch keine Schuldgefühle.

Das Fatale ist, dass Kinder, die missbraucht worden sind, oft Schuldgefühle haben: Sie seien selbst daran schuld, dass der Vater sie missbraucht habe. Auch wenn diese Schuldgefühle gegen jedes logische Denken sind, tauchen sie doch auf. Ich kann versuchen, die Schuldgefühle aus mir hinauszuwerfen. Oder aber ich gehe durch die Schuldgefühle hindurch. Ich gebe ihnen keine Macht. Ich spüre, dass unterhalb der Schuldgefühle in mir ein Raum der Klarheit und Reinheit ist, in dem ich von allen Selbstbeschuldigungen und Schuldgefühlen frei bin. Dort kann ich aufatmen. Dort komme ich in Berührung mit den reinen und klaren und heilsamen Wurzeln, aus denen ich heute als gesunder Mann und gesunde Frau leben kann.

Durch die Schwächen hindurch die Stärken der Eltern entdecken

Bei allen Schwächen, die ich an meinen Eltern entdecke, soll ich mir doch vorstellen und vergegenwärtigen, dass sie auf ihre Weise ihr Leben bewältigt haben. An ihrer Kraft habe ich Anteil. Ich soll die Schwächen meiner Eltern nicht überspringen, sondern bearbeiten. Aber ich soll nicht bei ihren Schwächen stehen bleiben.

Meine Eltern haben auch gute Wurzeln, die ich brauche, damit mein Lebensbaum aufblühen kann. Daher ist es meine Aufgabe, durch die Schwächen der Eltern hindurchzuschauen, um auf dem Grund ihrer Seele auch ihre Stärken zu entdecken. Dazu frage ich mich, was sie dazu befähigt hat, ihr Leben zu meistern.

Ich habe einen Mann begleitet, der einen sehr starken Vater hatte. Als Kind hatte er das Gefühl, er könne dem Vater nie das Wasser reichen. Daher hat er als junger Erwachsener gerade das Gegenteil dessen gelebt, was dem Vater heilig war. Dieses Verhalten hat ihn eine Zeit lang weitergebracht. Aber irgendwann wurde der Mann depressiv. Er hatte sich selbst von der Wurzel seines Vaters abgeschnitten. Weil er nicht so stark war wie er, wollte er nichts von ihm wissen.

Im Gespräch konnte ich diesem Mann vermitteln: »Sie sind aber trotzdem der Sohn Ihres Vaters. Sie haben etwas von seiner Kraft in sich. Trauen Sie dieser Kraft. Sie haben eine starke Wurzel. Vertrauen Sie darauf, dass aus dieser Wurzel auch ein großer und fester Baum wachsen kann.« Als er mehr und mehr mit den Wurzeln seines Vaters in Berührung kam, hatte dieser Mann Mut, Verantwortung für sich selbst zu übernehmen, sich aber auch in seinem Beruf Verantwortung für andere zuzutrauen. Und er ist in seiner Aufgabe aufgeblüht. Er spürte, dass die Wurzel seines Vaters ihn nährt.

Ein anderer Mann erlebte seinen Vater als schwach. Seine Mutter war dominant. Daheim hatte der Vater keine Chance. Der Sohn war enttäuscht, dass sein Vater sich so angepasst hat. Aber der Vater war bei den Menschen beliebt. Bei anderen Menschen hat er seine Fähigkeiten ausgelebt. Er hat gut und viel gearbeitet, er war ein gefragter Mann, wenn es um handwerkliche Arbeiten oder konkrete Fragen beim Hausbau ging. Auch wenn der Sohn über die Feigheit des Vaters zu Hause enttäuscht war, hat ihm der Vater doch auch gute Wurzeln hinterlassen. Er hat ihm gezeigt, dass man nicht alles erreichen kann. Wenn ich meine schwachen Seiten akzeptiere, kann ich meine starken Seiten umso mehr entfalten und auf diese Weise doch ein zufriedenes Leben leben.

Eine Frau war über ihre Mutter enttäuscht, weil diese sich dem jähzornigen Vater untergeordnet hat.

Sie hat nie gegen ihn aufbegehrt, aber sie hatte ihre Strategie entwickelt, trotzdem im Frieden mit sich zu leben. Sie hat für sich gesorgt. Sie hat die jähzornigen Ausfälle ihres Mannes nicht ernst genommen. Sie hat zugeschaut, weil sie wusste, dass sie ihren Mann nicht ändern konnte. Sie hat neben dem schwierigen Mann trotzdem ihr Leben gelebt. Nach dem Tod ihres Mannes ist all das Kraftvolle und Kreative in dieser Frau aufgeblüht. Sie hat trotz allem ein gutes Leben gelebt. An dieser kraftvollen Wurzel kann die Tochter teilhaben.

Eine andere Frau wurde von ihrer Mutter immer geschlagen. Zum Vater hatte sie eine gute Beziehung. Aber der Vater war zu schwach, um seine Tochter vor der Mutter zu schützen. Im Gegenteil: Gerade die gute Beziehung der Tochter zum Vater war der Grund, dass die Mutter noch eifersüchtiger auf ihre Tochter wurde und sie daher immer wieder grundlos geschlagen hat. Diese Frau, die von ihrer Mutter geschlagen wurde, hat sich heimatlos erfahren. Denn die Mutter hat ihr keine Heimat vermittelt. Der Vater, der ihr gegenüber wohlwollend und verständnisvoll war, konnte ihr auch keine Heimat und keinen Schutzraum schenken, weil er zu feige war.

Bei aller Enttäuschung ist es doch wichtig, dass die Frau die positiven Wurzeln entdeckt, die ihr Vater ihr geschenkt hat. Ihr Vater hat sich mehr nach außen hin orientiert. Dort war er bei den Leuten beliebt, weil er sehr verständnisvoll war. Diese verständnisvolle Art, die Fähigkeit, sich beliebt zu machen, sind gute und gesunde Wurzeln. Es ist wichtig, bei aller Enttäuschung diese guten Wurzeln anzuschauen und dafür dankbar zu sein. Dann können diese Wurzeln der Tochter heute Kraft geben und ihr helfen, ihr Leben zu meistern.

Versöhnung mit den Verletzungen

Ein anderer Weg, die Wurzeln meiner Eltern und Großeltern zu reinigen, geht über die Aussöhnung mit meinen Verletzungen. Was in der therapeutischen und geistlichen Begleitung geschieht, ist großenteils die Versöhnung mit der eigenen Lebensgeschichte und mit den eigenen Verletzungen.

Diese Versöhnung gelingt nur, wenn ich den Schmerz über die Wunden nochmals zulasse. Ich versetze mich nochmals in die Situation des Kindes, das nicht ernst genommen, geschlagen oder gekränkt wurde. Ich spüre nochmals den Schmerz und die Enttäuschung darüber, dass ich nicht verstanden worden bin. Ich habe mich so nach Liebe gesehnt – und habe sie so wenig erfahren. Ich habe mich so danach gesehnt, angenommen und verstanden und in meiner Einmaligkeit gesehen zu werden – und ich habe keine Annahme erfahren und bin übersehen worden. Das tut weh. Vielleicht spüre ich jetzt den Schmerz noch stärker als damals, als der schützende Verdrängungsmechanismus meiner Seele diese Verletzung verharmlost hat.

Der nächste Schritt der Reinigung geht dann über das Verstehen. Ich versuche zu verstehen, was damals abgelaufen ist. Vielleicht waren meine Eltern selbst verletzt – und sie haben ihre Verletzungen an mich weitergegeben. Ich versuche, die Lebensgeschichte meiner Eltern zu verstehen: Wie ist der Vater groß geworden? Welche Wunden hat er erlebt? Wie ist die Mutter aufgewachsen?

Oft geben die Eltern die Verletzungen, die sie selbst erlitten haben, an die Kinder weiter. Sie wollen es zwar besser machen als ihre Eltern. Aber dann merken sie doch, dass sie ähnliche Verhaltensweisen an den Tag legen. Die Eltern verstehen heißt nicht, sie zu entschuldigen oder sie zu rechtfertigen. Was verletzend war, das war verletzend. Aber wenn ich ihr Verhalten verstehe, tut es nicht mehr so weh. Ich empfinde mit mir selbst und zugleich mit den Eltern, die ja auch verletzte Kinder waren.

Ich versuche auch, mich selbst zu verstehen. Ich bin durch diese Verletzungen empfindlich geworden. Ich verurteile mich aber nicht, sondern versuche, mich in meiner Empfindlichkeit anzunehmen. Und ich versuche, meine positiven Seiten zu sehen. Dort, wo ich empfindlich bin, bin ich auch empfindsam. Ich habe dann auch ein Gespür für andere Menschen und ihre innere Befindlichkeit.

Es geht darum, die eigenen Wunden in Perlen zu verwandeln. Dort, wo ich etwas Schmerzhaftes erfahren habe, habe ich auch etwas erlebt, was mich ausmacht. Das gleiche hat vielleicht kein anderer erlebt. Diese Erfahrung macht mich erfahren. Ich habe in mir eine Erfahrung, die mich wertvoll und reich macht. Die Wunden verweisen mich oft auf meine Fähigkeiten. Weil ich selbst verwundet bin, kann ich die Wunden der anderen besser verstehen – und ich finde eher als andere eine Möglichkeit, diese Wunden zu heilen. Ich fühle mit dem anderen und ich fühle mich in ihn hinein. Das hilft mir, seine wahren Bedürfnisse und Sehnsüchte wahrzunehmen und darauf zu antworten.

Noch ein weiterer Weg vermag meine Wurzeln zu reinigen. Statt über meine Wunden zu jammern, erkenne ich, dass die Wunden auch eine positive Aufgabe haben. Sie zerbrechen den Panzer, den ich um mein Herz gelegt habe. Sie zerbrechen meine Masken, die ich aufsetze und demaskieren die Rollen, die ich spiele. Sie brechen mich für mein wahres Selbst auf. Sie lassen mich mit meinem innersten Kern in Berührung kommen. Sie halten mich lebendig und helfen mir, weiter nach meinem wahren Selbst zu suchen.

Wunden brechen mich auf für andere Menschen. Ich schütze mich nicht mehr mit meinem Panzer vor ihnen. Ich begegne den Menschen mit einem aufgebrochenen und offenen Herzen. Ich lasse sie bei mir eintreten. So kann ich dem anderen wirklich begegnen. Und in der Begegnung kann etwas heil werden in ihm.

Wunden brechen mich auch auf für Gott. Ich versperre mich nicht mehr Gott gegenüber, sondern lasse Gott an mich heran und in mich hinein. Die Wunden brechen mich auf, damit ich selbst aufbreche zu meinem wahren Selbst, zu den Menschen und zu Gott.

Reinigung durch Familienaufstellung

Ein anderer Weg besteht darin, die dunklen Geheimnisse in meiner Lebensgeschichte anzuschauen und Rituale der Versöhnung und Vergebung zu praktizieren.

Ich erlebe oft in der Begleitung, dass Menschen dunkle Seiten ihrer Lebensgeschichte aufdecken und dann in eine große Krise geraten. Da wird ihnen auf einmal klar, dass beispielsweise ihr Vater Nazi war oder dass ihre Mutter vor der Ehe ein uneheliches Kind hatte. Oder sie erfahren, dass der Onkel Suizid begangen hat. Bisher wurde das immer verschwiegen.

Wenn solche Geheimnisse nicht aufgedeckt werden, dann wirken sie sich destruktiv auf mein Leben auf. Eine Weise der Psychotherapie, die auf diese dunklen Familiengeheimnisse eingeht und die Menschen damit aussöhnen will, ist die Methode des Familienaufstellens.

Bertold Ulsamer, einer der wichtigsten Vertreter des Familienaufstellens – nach der Methode, die Bert Hellinger entwickelt hat –, nennt sein Buch »Ohne Wurzel keine Flügel«. Er erklärt diese Aussage so:

Die Familie ist der Grund, in dem wir wurzeln. Solange wir diese Wurzeln nicht (er-)kennen, werden die Flügel, die uns wachsen, nur schwach sein. Familienaufstellungen sind ein Weg, diese Wurzeln zu entdecken und sie von dem zu befreien, was schadet und schwächt. Dann kann die Kraft von den Wurzeln her in die Flügel strömen.

ULSAMER 11

Unsere Wurzeln sind oft geschwächt, weil wir in das Schicksal unserer Vorfahren verstrickt sind, ohne es zu wissen. Als Kinder übernehmen wir oft Gefühle und Verhaltensweisen von früheren Familienmitgliedern und halten daran fest. Wir wissen gar nicht, warum wir uns ständig schuldig fühlen. Es ist nicht unser eigenes Problem. Wir übernehmen vielmehr die nicht ausgesprochene und angeschaute Schuld von früheren Mitgliedern unserer Familie. Solange diese Verstrickungen nicht aufgelöst werden, lähmen sie uns und führen zu Verhaltensweisen, die wir selbst nicht verstehen. (Vgl. Ulsamer 16)

In der Familienaufstellung geht es nun darum, dass der Klient durch sogenannte Stellvertreter seine Familie im Raum so aufstellt, wie es für ihn stimmt. Die Stellvertreter spüren das Feld, in dem sie stehen. Der Leiter befragt sie, wie sie sich fühlen. Und es ist erstaunlich, wie die Stellvertreter oft mit ihren Gefühlen etwas zur Sprache bringen, was in dieser Familie bisher unterdrückt worden ist. Dadurch lösen sich die Blockaden auf.

Bei der Aufstellung werden auch verstorbene Familienmitglieder berücksichtigt. Dadurch wandelt sich die Beziehung zu den Toten:

> Während die vergessenen Toten einer Familie eher eine unheimliche, bedrohliche Kraft im Hintergrund darstellen, werden sie jetzt zu einer Stärkung und Unterstützung für die Lebenden.
>
> ULSAMER 17

Bert Hellinger, der die Methode der Familienaufstellung entwickelt hat, benennt letztlich christliche Haltungen, die zur Auflösung dieser Blockaden führen: Das sind die Ehre, die man den Eltern erweist, und die Liebe zu den einzelnen Familienmitgliedern. Dies ist eine Liebe, die nicht bewertet, sondern auch in Personen, die viel Unrecht getan haben, noch den guten Kern entdeckt. Trotz aller Defizite, die jemand in der Familie erfahren hat, gilt es doch, sich zuletzt vor den Eltern zu verneigen und zu sagen: »Ich ehre dich für das, was du mir gegeben hast.«

Bertold Ulsamer meint, dass die Eltern als Tor zum Leben entdeckt werden müssten, damit das Leben gelingen könne. (Vgl. Ulsamer 26)

> Je mehr ich meine Eltern achten kann, mit dem was sie tragen und sind – mit all ihren Begrenzungen, Mängeln und Fehlern –, desto mehr Spannungen lösen sich in mir (...) Wenn ich

dem zustimme, was ich von den Eltern bekommen habe, und es dankbar annehme – das *Gute und das Schlimme* –, dann sage ich auch *Ja* zum *Leben als Ganzem*. Nicht wie ich es gern hätte oder erträume, sondern so, wie es ist. Dadurch komme ich zur Ruhe und finde in mir Frieden.

ULSAMER 42

Durch das Anschauen meiner Beziehungen zu den einzelnen Familienmitgliedern fühle ich mich dazugehörig. Und ich komme in Berührung mit meinen Wurzeln.
Die Wurzeln waren schon immer da, aber man war wie abgeschnitten. Jetzt kann durch sie Kraft fließen, und dadurch kann man gleichzeitig besser alleine stehen. Wenn ich diese Kraft aus den Wurzeln habe, dann bin ich für mein Leben verantwortlich, gelöst von meinen Eltern, erwachsen und frei.

ULSAMER 46

In letzter Zeit erfahre ich in Gesprächen und Briefen immer wieder von Kindern, die den Kontakt zu den Eltern total abgebrochen haben. Die Eltern haben keine Chance mehr, mit ihrem Kind in Verbindung zu treten. Die Handynummern werden ständig gewechselt. Die Briefe werden mit der Bemerkung »Annahme verweigert« zurückgeschickt. Bertold Ulsamer meint, Kinder, die ihren Kontakt zu den Eltern abschneiden, blieben innerlich an sie gebunden. Sie seien noch nicht frei. Sie hätten ihre Wurzeln nicht entdeckt.

Solche Kinder leben letztlich ohne Wurzeln. Das tut auf Dauer nicht gut. Und sie merken gar nicht, wie sie oft die Eltern kopieren, die sie ablehnen. Natürlich kann es manchmal notwendig sein, dass der Kontakt zu den Eltern unterbrochen wird – vor allem dann, wenn die alten Verhaltensmuster ständig wiederholt werden. Dann braucht es eine Unterbrechung, damit die Kinder zu sich selbst finden. Aber wenn ich zu mir gefunden habe, dann zeigt das auch, dass ich wieder in Beziehung zu den Eltern treten kann.

Ich bin ich selbst und kann die Eltern so lassen, wie sie sind. Ich kämpfe nicht mit ihnen oder gegen sie. Ich nehme sie wahr, ohne mich von ihnen bestimmen zu lassen. Aber ich ehre sie auch für das, was sie mir gegeben haben. Nur wenn ich sie ehre, achte ich auch mich selbst. Denn wer seine Herkunft verachtet, verachtet letztlich sich selbst. Dieses Aussöhnen mit seiner eigenen Herkunft ist entscheidend, dass meine Wurzeln mich tragen.

Wer mit den Wurzeln seiner Eltern in Berührung ist, der kann mit der Kraft seiner Eltern erfüllt seinen eigenen Weg gehen. Doch die Wurzeln müssen gereinigt werden. Und das geschieht durch die Liebe und durch die Anerkennung, dass meine Familie diese Geschichte mit ihren Verwicklungen und ihrer Schuld hat. Nur die angeschaute Schuld kann vergeben werden. Wenn in der Familiengeschichte eine große Schuld vorliegt, sind die Wurzeln beschädigt. Durch die Familienaufstellung entsteht »eine neue Ebene der Verbundenheit, ohne die Schuld zu übernehmen« (Ulsamer 196).

Ich spüre die Verbundenheit zu meinen Eltern – und lasse die Schuld bei ihnen, ohne sie zu verurteilen. Dann brauche ich mich nicht mehr für meine Vorfahren zu schämen. Denn in der Scham stelle ich mich letztlich überheblich über sie. Besser ist es, wenn ich in den Spiegel der schuldig gewordenen Vorfahren schaue und erkenne, dass ähnliche Verhaltensweisen und Anlagen ja auch in mir sind. Ich darf vertrauen, dass meine Vorfahren durch den Tod verwandelt und in der Begegnung mit Gott von ihrer Schuld gereinigt worden sind. Das Ziel der Aufstellung ist:

> Das Kind achtet den Vater oder Mutter als Lebensspender und lässt die Verantwortung für eine Schandtat bei ihnen. So bleibt das Kind mit seinen Wurzeln verbunden, ohne sich in die fremde Schuld zu verstricken.
> ULSAMER 196

Das Thema der Wurzel ist bei der Familienaufstellung zentral. Ohne an die Wurzel unserer Vorfahren angeschlossen zu sein, fehlt uns die Kraft, die wir für unser Leben brauchen. Ohne Wurzeln können wir keine Flügel entwickeln, um in die Weite zu fliegen.

Doch oft gibt es in den Wurzeln Verstrickungen, die den Saft der Wurzeln gleichsam blockieren. Die Verstrickungen müssen aufgelöst werden, damit der Lebenssaft aus den Wurzeln in mich einströmen kann. Die Auflösung geschieht durch Bewusstmachen der Verstrickungen und dann durch Verneigung vor den Eltern. Ich ehre sie für das, was sie mir gegeben haben. Gleichzeitig lasse ich das bei ihnen, was mich verletzt hat. Und wenn sie anderen gegenüber Schuld auf sich geladen haben und diese Schuld sich auf mich gelegt hat, dann lasse ich diese Schuld bei ihnen zurück. Ich verneige mich dann nicht nur vor den Tätern, sondern auch vor den Opfern. So kann ich beide in Frieden lassen.

Oft haben Kinder von den Tätern das Gefühl, sie müssten den Opfern in den Tod folgen. Doch dann schneiden sie sich selbst vom Leben ab – und den Opfern ist nicht geholfen. Die Verneigung, die frei ist von Verurteilung und Überheblichkeit, befreit mich von einem falschen Gebundensein und bringt mich in Berührung mit den Wurzeln, aus denen ich leben kann.

Ein anderer Weg der Reinigung der Wurzeln geht über die Begegnung und Versöhnung mit dem verletzten Kind in mir. Die Psychologie spricht heute davon, dass jeder in sich ein verletztes Kind trägt. Dieses verletzte Kind schreit auf, wenn wir heute auf ähnliche Weise wie damals in unserer Kindheit verletzt werden.

Wir haben beispielsweise ein verlassenes Kind in uns, das vom Vater früh im Stich gelassen wurde, als er die Familie verließ. Oder das Kind in uns wurde durch den frühen Tod der Mutter verlassen. Oder aber es musste früh ins Krankenhaus und hat dort Verlassenheit erfahren. Manche Menschen können als Erwachsene keinen Abschied vertragen. In solchen Situationen schreit plötzlich das verlassene Kind in ihnen auf. Das verlassene Kind meldet sich auch zu Wort, wenn wir Angst haben, von einem Freund oder einer Freundin verlassen zu werden.

Ein Mann erzählte mir, dass er als Kind von seinem Vater übersehen wurde. Heute noch schreit dieses übersehene Kind in ihm auf, obwohl er schon siebzig Jahre alt ist. Wenn er etwa mit Freunden in eine Wirtschaft geht und der Wirt zuerst die Freunde und zuletzt ihn begrüßt, dann fühlt er sich wieder übersehen. Dann meldet sich das übersehene Kind in ihm. Eine Frau, die sich vom Vater übersehen fühlte, hat den Eindruck, dass ihr Chef sie übersieht. Objektiv behandelt sie der Chef wie die anderen Mitarbeiter auch. Doch das übersehene Kind in ihr registriert alle Blicke des Chefs. Und wenn diese nicht ihr gelten, fühlt sie sich wieder übersehen.

Eine Frau erzählte mir, sie habe sich früher als hilfloses Kind gefühlt. Sie wurde von ihrer Mutter immer zur Oma abgeschoben, die sehr hart und unnahbar war. Sie hat sich dort nicht wohlgefühlt. Sie wehrte sich gegen das Abschieben. Aber sie war dagegen hilflos. Dieses hilflose Kind schreit heute in ihr auf, wenn sie bei einem Kurs oder Seminar teilnimmt. Die fremden Menschen erinnern sie an ihre abweisende Großmutter. Sie kann die fremden Menschen gar nicht richtig wahrnehmen, weil das hilflose Kind ihre Augen vor deren Freundlichkeit verschließt. Sie sieht nur die Menschen, die sie sich selbst nicht ausgewählt hat. So fühlt sie sich völlig blockiert.

Eine andere Frau fühlte sich als Kind immer überfordert. Sie musste schon mit sieben Jahren für die Familie kochen, weil ihre Mutter oft krank war. Und die Mutter hatte sie gar nicht richtig in das Kochen und in den Haushalt eingeführt. Doch sie hat ständig kritisiert, dass sie es nicht richtig mache. Dieses überforderte Kind meldet sich bei dieser Frau heute immer dann zu Wort, wenn etwas Neues und Unbekanntes auf sie zukommt – beispielsweise wenn sie in der Firma mit einer Aufgabe konfrontiert wird, die sie noch nicht genügend kennt und beherrscht. Sie hört dann immer noch innerlich die Ratschläge ihrer Mutter, dass sie doch ja alles richtig machen solle.

Andere haben ein beschämtes Kind in sich. Sie wurden früher von ihren Eltern vor den Verwandten lächerlich gemacht, weil sie etwas Unsinniges gesagt hatten oder weil ihnen irgendetwas misslungen ist. Sie wären damals am liebsten in den Boden versunken. Dieses beschämte Kind macht sich heute bemerkbar, wenn diese Menschen kritisiert werden. Diese haben auch heute immer noch das Gefühl, dabei bloßgestellt zu werden. Sie können nicht angemessen mit Kritik umgehen. Das beschämte Kind hindert sie daran.

Andere Menschen kennen das abgelehnte Kind. Weil sie sich als Kind von ihren Eltern oder von den Mitschülern abgelehnt fühlten, haben sie auch heute oft den Eindruck, die anderen würden sie ablehnen. Sie wittern in vielen Worten und Blicken Ablehnung, obwohl gar nichts von Ablehnung mitschwingt.

Manchmal provozieren abgelehnte Kinder diese Ablehnung auch als Erwachsene. Sie können es nicht aushalten, wenn sie auf einmal beliebt sind. Sie tun dann irgendetwas, was die anderen gegen sie auf-bringt. So werden sie wieder zum Außenseiter, der sie als Kind immer waren. Sie schaffen das Rad der Ablehnung, das die Menschen in ihrer Umgebung durchbrochen hatten, wieder neu, um sich wieder als abgelehnte Kinder fühlen zu können. Auch wenn dieses Gefühl unangenehm ist, so ist es ihnen doch bekannt – und offensichtlich lieber als die Erfahrung, beliebt zu sein. Denn diese neue Erfahrung würde ihr bisheriges Lebensgebäude zum Einsturz bringen, in dem sie es sich eingerichtet haben.

Ein Mann erzählte mir, dass er schon mit sechs Jahren immer nur brav sein und sich anpassen musste. Er durfte nicht Kind sein. Er hat ein ungelebtes Kind in sich, das heute gerne nachholen möchte, was es damals nicht durfte: einfach spielen oder einfach nur da sein. Und er hat ein Bedürfnis, aus der Rolle des braven Jungen herauszufallen und etwas Provozierendes zu tun.

Andere haben ein zu kurz gekommenes Kind in sich. Dieses ist bei der Zuwendung der Eltern, aber auch in seinem eigenen Kindsein zu kurz gekommen. Es durfte nicht Kind sein, es musste sich schon sehr früh wie ein Erwachsener verhalten. Zu kurz gekommene Kinder holen sich später oft das, was sie nicht bekommen haben. Manchmal haben sie den Drang, etwas zu stehlen. Weil sie das, was sie in der Kindheit erhofften, nicht in der rechten Weise bekamen, holen sie es sich nun auf illegitime Weise.

Eine Frau wurde von ihrer Mutter immer wieder geschlagen. Sie wusste gar nicht, warum sie geschlagen wurde. Sie konnte es der Mutter nie recht machen. Allein durch ihre Existenz war sie für die Mutter offensichtlich eine Provokation. Diese Frau trug das geschlagene Kind auch nach fünfzig Jahren noch in sich. Dieses Kind hinderte sie daran, sich gegen Angriffe zu wehren. Sie konnte keine Aggressionen zeigen, weil sie als Kind keine Chance hatte, sich gegen die Schläge zu wehren. Wenn sie aggressiv reagiert hätte, wäre es ihr noch schlimmer ergangen. Und so kann sie sich heute noch nicht durch Aggressionen gegenüber anderen abgrenzen, weil sie Angst hat, sie würde dadurch die Aggressionen der anderen noch verstärken.

Eine Frau erzählte mir, dass sie sich als Kind immer vernachlässigt fühlte. Objektiv war das gar nicht so. Doch sie hatte das Gefühl. Und dieses Gefühl hat sie als erwachsene Frau ständig begleitet. Sie hatte den Eindruck, dass sie nichts wert sei. Sie hat so letztlich sich selbst vernachlässigt. Sie hat sich nur für andere aufgeopfert, aber sich und ihre Bedürfnisse vernachlässigt. Und sie hatte immer den Eindruck, dass die anderen sie nicht wirklich wahrnehmen, dass sie auch von ihnen vernachlässigt wird.

Die tiefste Verletzung des Kindes ist die spirituelle Verletzung. Jedes Kind ist von sich aus spirituell. Es hat ein Gefühl für seine Einzigartigkeit und Besonderheit. Und es hat ein Gespür »für die Verbindung mit etwas, was größer ist als wir selbst, und auf das wir uns gründen« (Bradshaw 66). Das Kind kann noch spontan »Ich bin ich« sagen. Damit hat es zugleich auch eine Ahnung von Gott, der sich am brennenden Dornbusch dem Mose mit den Worten geoffenbart hat:

Ich bin der »Ich-bin-da«.

EXODUS 3,14

In diesem ICH BIN liegt der tiefste Sinn menschlicher Spiritualität, der alle Eigenschaften einschließt, die mit dem Wertvollen, Besonderen verbunden sind.

BRADSHAW 66

Oft kreisen die Eltern zu sehr um ihre eigenen Probleme, sodass sie keinen Blick für das Besondere ihres Kindes haben. Weil die Eltern selbst noch bedürftig sind, können sie auf die Bedürftigkeit des Kindes nicht eingehen. Sie vermitteln ihm kein Gespür für seine Einzigartigkeit. Das nennt der Philosoph und Theologe John Bradshaw die spirituelle Verletzung:

Die spirituelle Verletzung ist mehr als alles andere dafür verantwortlich zu machen, wenn aus uns unselbständige, schamerfüllte erwachsene Kinder werden. Die Geschichte des Niedergangs eines jeden Mannes und einer jeden Frau handelt davon, dass ein wunderbares, wertvolles, besonderes und kostbares Kind sein Gefühl für das »Ich bin, wer ich bin« verloren hat.

BRADSHAW 66

Viele Menschen jammern, wenn das verletzte Kind in ihnen aufschreit. Aber wir sind nicht nur verletzte Kinder, sondern auch väterliche und mütterliche Menschen. Wir sollen nicht nur von anderen erwarten, dass sie unser verletztes Kind trösten, sondern es vielmehr selbst in den Arm nehmen.

Ein Beispiel macht deutlich, was ich meine: Eine Frau hatte große Probleme mit ihrer Mutter. Sie machte eine lange Therapie und hatte danach den Eindruck, dass sie jetzt mit ihrer Mutter ausgesöhnt sei. Sie lud ihre Mutter zu einem gemeinsam Urlaub ein. Sie fuhr mit ihrer Mutter nun in den Urlaub und erlebte diesen als große Enttäuschung, als »Katastrophe«, wie sie sagte. Ich fragte sie: »Was war denn die Katastrophe?« Sie meinte: »Ich habe in dieser Woche doch erwartet, dass meine Mutter zu mir sagt, ich sei ihre liebste Tochter.« Ich antwortete ihr: »Das werden Sie von ihrer achtzigjährigen Mutter nie mehr hören. Dieses Wort müssen Sie sich selbst sagen. Sie sind jetzt mit 58 Jahren selbst Mutter und müssen dieses bedürftige Kind in Ihnen, das nach Zuwendung und Anerkennung lechzt, selbst in den Arm nehmen. Und Sie müssen sich selbst dieses Wort sagen: Ja, ich bin eine geliebte Tochter. Ich liebe mich selbst und Gott liebt mich.«

Es ist unsere Aufgabe, das verletzte Kind in uns in den Arm zu nehmen. Wir sollen das verletzte Kind in uns umarmen, uns ihm liebevoll zuwenden, mit ihm das Gespräch anfangen, uns mit ihm vertraut machen und es trösten. Wenn ich das verlassene Kind in mir spüre, dann verspreche ich ihm, dass ich es nicht verlassen werde. Ich werde bei mir selbst bleiben und mich nicht selbst verlassen.

Ich bin nicht nur das hilflose Kind, sondern auch der Mensch, der sich zu helfen weiß. Ich bin nicht nur das abgelehnte Kind. Es ist meine Verantwortung, mich selbst und dieses abgelehnte Kind in mir anzunehmen. Ich bin nicht nur das zu kurz gekommene Kind. Ich kann heute selbst für mich sorgen und mir ein wichtiges Bedürfnis erfüllen. Ich bin nicht nur das überforderte Kind. Ich kann mich selbst auf die Aufgaben vorbereiten, die mir das Leben stellt. Ich bin der Überforderung nicht hilflos ausgesetzt. Ich bin nicht nur das vernachlässigte Kind. Ich höre auf, mich zu vernachlässigen. Ich kümmere mich um mich selbst. Ich sorge für mich. Ich gehe gut mit mir um. Ich schaue auf mich.

Es gibt verschiedene Wege, mit dem verletzten Kind in mir umzugehen. Ein Weg wäre, an das verletzte Kind einen Brief zu schreiben. In diesem Brief spüre ich mich hinein in das Kind, das damals übersehen, abgelehnt oder beschämt worden ist. Und ich schreibe ihm, dass ich es verstehe und dass ich bei ihm bleibe. Ich nehme so das verletzte Kind in mir an. Es darf weiter bei mir wohnen. Aber ich sorge auch für dieses verletzte Kind. Wenn es aufschreit, wende ich mich ihm zu und beginne einen Dialog mit ihm.

Ein anderer Weg wäre, mit dem verletzten Kind in mir ins Gespräch zu kommen: Was willst du mir erzählen? Und was möchte ich dir gerne sagen?

Noch ein anderer Weg ist, das verletzte Kind in mir zu umarmen. Diesen Weg möchte ich nachher als konkrete Übung beschreiben.

Doch wir sollen – so sagt John Bradshaw – nicht beim verletzten Kind stehen bleiben, sondern uns von ihm zum göttlichen Kind in uns führen lassen. Wenn wir nur beim verletzten Kind stehen bleiben, verlieren wir den Blick für das Geheimnis unseres Lebens.

Wir sind nicht nur das verletzte Kind. Wir haben auch ein göttliches Kind in uns. Das göttliche Kind in uns weiß genau, was für uns gut ist. Es steht für das wahre Selbst, für das einmalige Bild, das Gott sich von jedem von uns gemacht hat.

Wer nur im Sumpf seiner Leidensgeschichte stecken bleibt, »kommt nie soweit, um über diese Verletzungen hinausblicken zu können. Und das bedeutet, dass wir die Verletzung des Kindes für alles verantwortlich machen, was in unserem Leben schiefgeht.« (Bradshaw 358)

Das göttliche Kind in uns »gibt uns die Möglichkeit, eine Bewusstseinsebene zu erreichen, die weit über der des konkreten Kindes liegt, das wir einmal waren. Alle unsere Geschichten handeln von einem Helden oder einer Heldin, von einem göttlichen Kind, das ausgesetzt worden ist und sich auf der Reise zu seinem wahren Selbst befindet.« (Bradshaw 358)

In uns ist etwas, das diese Welt übersteigt und das sich in dieser Welt immer fremd fühlt. Wir sind göttliche Kinder, die in einer Welt leben, die ihnen fremd vorkommt, die sich ausgesetzt fühlen.

Der Mythos des ausgesetzten göttlichen Kindes begegnet uns nicht nur bei Mose und Jesus, sondern auch bei Krishna, Perseus, Siegfried und Buddha.

Wir alle sind letztlich ausgesetzte göttliche Kinder. Die Verletzungsgeschichte gehört zu unserem Weg. Aber dies ist nur der eine Teil unseres Lebens. Genauso wichtig ist, dass all diese göttlichen Kinder zu Heilsbringern wurden.

So bringt uns das göttliche Kind in Berührung mit der Kreativität, die Gott uns geschenkt hat, mit der einzigartigen persönlichen Begabung, die jeder von uns in sich trägt. Wir können in der Suche nach dem göttlichen Kind in uns eine neue Welt für uns aufbauen: eine Welt, in der das göttliche Licht unsere Finsternis vertreibt.

Das göttliche Kind steht für das ursprüngliche, einmalige und einzigartige Bild, das Gott sich von jedem von uns gemacht hat. Es führt uns in den Raum der Stille, in dem wir mit unserem wahren Wesen in Berührung kommen. In diesem Raum der Stille wird Gott in uns geboren.

Das ist das Geheimnis von Weihnachten: Gottes Geburt in der menschlichen Seele bedeutet, dass wir von allen Bildern frei werden, die andere uns übergestülpt haben, und dass wir mit dem unverfälschten

Bild Gottes in uns in Berührung kommen. Das führt uns zum inneren Frieden mit uns selbst.

Das göttliche Kind bringt uns in Berührung mit der göttlichen Wurzel, die in uns ist. Wir haben nicht nur in unseren Vorfahren unsere Wurzeln. Wir haben sie letztlich auch in Gott. Das göttliche Kind zeigt uns diese göttliche Wurzel in uns.

Aber diese göttliche Wurzel zeigt sich auch in menschlichen Wurzeln. Sie zeigt sich in unserer Kreativität, für die das göttliche Kind steht. Sie zeigt sich uns in den Energiequellen, die in uns strömen.

Es gilt auch, diese inneren Wurzeln in uns zu entdecken. Wenn wir mit ihnen in Berührung sind, dann wird unser Leben gelingen und dann kann sich unser Lebensbaum so entfalten, wie es Gottes Bild von uns entspricht. Dann werden wir wahrhaft wir selbst, dann wird unser Leben heil und ganz, ursprünglich und authentisch. In uns ist eine Wurzel, die immer voller Saft ist und die uns immer nährt, weil sie in Gott selbst gründet.

Es ist eine heilsame Meditation, das verletzte Kind in sich zu umarmen. Dabei kann das Symbol des Kreuzes helfen. Die Kreuzgebärde ist eine Gebärde der Umarmung. Jesus umarmt uns in unserer Gegensätzlichkeit – und Jesus umarmt das verletzte Kind in uns, damit wir es mit ihm selbst umarmen.

Ich stelle mich aufrecht hin und lege meine Hände über Kreuz auf meine Brust. Weil ich von Christus am Kreuz umarmt bin, umarme ich in mir das verletzte Kind.

Ich umarme das verlassene Kind, das übersehene Kind, das überforderte Kind, das hilflose Kind, das lächerlich gemachte Kind, das beschämte Kind, das zu kurz gekommene Kind, das vernachlässigte Kind, das geschlagene Kind, das abgelehnte Kind.

Dann stelle ich mir vor: Das verletzte Kind führt mich zum göttlichen Kind in mir. Unterhalb des verletzten Kindes ist das göttliche Kind in mir. Es ist in meinem Seelengrund, in dem Raum der Stille in mir. Dort, wo das göttliche Kind in mir ist, bin ich frei von den Meinungen der Menschen, von ihren Erwartungen, von dem, was sie über mich denken und sagen. Dort bin ich heil und ganz.

Das göttliche Kind schenkt mir die Gewissheit, dass mein innerster Personkern durch die Verletzungen meiner Kindheit nicht berührt worden ist. Verletzende und kränkende Worte können in diesen inneren Raum nicht vordringen. Sie dringen nur in den emotionalen Bereich meiner Seele ein, aber nicht in den spirituellen Bereich.

Dort, wo das göttliche Kind in mir ist, bin ich ursprünglich und authentisch. Dort muss ich mich nicht beweisen. Dort brauche ich keine Masken, um nach außen hin sicher zu erscheinen. Dort bin ich einfach ich selbst, ohne Druck, mich beweisen, rechtfertigen

oder erklären zu müssen. Dort bin ich auch rein und
klar. Dort haben Schuldgefühle keinen Zutritt.

Bei Borderline-Klienten beobachte ich, dass sie nicht in sich selbst hineinschauen können. Sie haben Angst: Je tiefer sie in sich hineinschauen würden, desto chaotischer, dunkler und schlechter würde es in ihnen sein. Auf dem Grund ihrer Seele fühlen sich diese Menschen schuldig und schlecht. Mit diesem Selbstbild müssen sie vor sich selbst davonlaufen. Sie können sich von innen heraus keine Identität aufbauen. So flüchten sie an den Rand, um überleben zu können. Sie haben keine Mitte, weil sie dort nur Schuld und Schlechtigkeit vermuten. So können sie nicht bei sich selbst zu Hause sein, sondern müssen am Rand leben. Doch zugleich leiden sie daran, dass sie keine Mitte haben, in der sie sich wohlfühlen und in der sie daheim sind.

Das göttliche Kind führt mich nach innen in den reinen und lauteren Raum meiner Seele. Dort ist mein inneres Selbst unverfälscht, ungetrübt und unberührt von Schuld. Und das göttliche Kind führt mich in den Raum, in dem ich bei mir selbst daheim sein kann, weil dort das Geheimnis Gottes in mir wohnt.

Als ausgesetzte göttliche Kinder sind wir ständig auf der Suche nach Heimat. Und auch wenn wir etwas Geborgenheit und Heimat gefunden haben, spüren wir, dass wir noch weitergehen müssen. Erst in Gott finden wir wirklich Heimat. Diese innere Heimat ist manchmal in der Stille schon jetzt erfahrbar. Das göttliche Kind führt uns in diese innere Heimat, damit wir von dort aus wieder aufbrechen und uns auf den Weg zu unserer letzten Heimat machen.

Rituale als Weg zu den Wurzeln

Die Eucharistiefeier und die Feste im Kirchenjahr

Ein Weg, mit den Wurzeln unserer Vorfahren in Berührung zu kommen, geht über Rituale.

Wir feiern in der Kirche die gleichen Rituale, die schon vor uns Menschen seit Hunderten von Jahren gefeiert haben. Es ist von den Grundvollzügen her die gleiche Eucharistiefeier, die seit fast zweitausend Jahren gefeiert wird, ebenso die gleiche Osternacht, die gleiche Tauffeier, die gleiche Weihnachtsfeier und so weiter.

Indem wir diese Rituale feiern, haben wir Anteil an der Glaubens- und Lebenskraft früherer Generationen. Wir reihen uns in die Schar der Gläubigen ein, die mit diesen Ritualen ihr Leben bewältigt haben. Und wir reihen uns in die Schar der Christen ein, die auf der ganzen Welt die gleichen Rituale vollziehen. Diese Rituale sind demnach nicht nur Wurzeln, die in die Vergangenheit reichen, sondern auch Wurzeln, die in die Breite gehen und die uns in die große Gemeinschaft der Christen einwurzeln.

In der Eucharistie hören wir dieselben Evangelientexte, die unsere Vorfahren gehört und nach denen sie ihr Leben ausgerichtet haben. Wir feiern im Lauf des Kirchenjahres die gleichen Feste, die unsere Eltern und Großeltern – und die Generationen vor ihnen – gefeiert haben.

In jeder Region sind es andere Feste, die im Mittelpunkt des Interesses stehen. Aber überall auf der Welt wird Weihnachten bewusst gefeiert. Gerade an Weihnachten denkt man an seine Vorfahren zurück. Man erinnert sich, wie diese das Weihnachtsfest gefeiert haben: in Zeiten der Armut, des Kriegs, aber auch in Zeiten politischer Ruhe.

In vielen Familien ist es ein großes Bedürfnis, Weihnachten genauso zu feiern, wie es schon die Großeltern getan haben. Offensichtlich haben viele Menschen ein Gespür dafür, dass sie durch die lange tradierten Rituale Anteil an der Glaubenskraft ihrer Vorfahren haben, die ihr Leben aus dem Glauben bewältigt haben. Die Rituale waren konkreter Ausdruck ihres Glaubens. Indem ich die Krippe aufstelle, die schon mein Großvater aufgestellt hat, habe ich Anteil an ihm. Ich erinnere mich an seine Art zu leben. Aber ich habe auch Anteil an ihm, der jetzt bei Gott ist und der das schaut, was wir im Glauben feiern.

Für meine Familie war das Fest Epiphanie immer sehr wichtig. Unser Vater sprach immer davon, dass ihn die Heiligen Drei Könige nach Bayern geführt hätten. Und wir räucherten an diesem Tag unser Haus mit Weihrauch aus. Das ganze Haus roch noch lange nach Weihrauch und wir hatten so das Gefühl, in einem gesegneten und geschützten Haus zu wohnen. Das war für meinen Vater besonders wichtig, nicht nur weil er das Haus selbst gebaut hatte, sondern auch weil es in der Konkurszeit kurz vor der Versteigerung gestanden hatte. So wurde meinem Vater und unserer ganzen Familie an diesem Tag immer wieder bewusst, dass es nicht selbstverständlich ist, ein Haus als Heimat zu haben, ein Haus zu besitzen, das Geborgenheit und Sicherheit schenkt. Viele Erfahrungen, die ich als Kind gemacht habe, haben in diesem Haus ihre Wurzel.

Wenn ich alte Bilder von der Fronleichnamsprozession zu Hause anschaue, dann komme ich mit den Wurzeln meiner Kindheit in Berührung. Dann erkenne ich in den Männern und Frauen, die dort mitgingen, Personen, die mich geprägt und die mir das Gefühl von Heimat geschenkt haben. Sie alle gehörten zu jener Gemeinde, in der wir als Familie daheim waren. Und ich sehe in ihren Gesichtern den Glauben, den sie bei der Prozession zum Ausdruck brachten und der mich in meiner Kindheit getragen hat.

Gemeinsame Gebete

Die überlieferten Gebete beten wir, wenn wir sie sprechen, gleichsam gemeinsam mit unseren Vorfahren. Ich möchte dies am Beispiel des Vaterunsers verdeutlichen:

Im Vaterunser sprechen wir nicht nur die Worte nach, die Jesus uns vorgesagt hat. Wir beten auch Worte, die durch die vielen Menschen vor uns angereichert sind, die dieses Gebet gesprochen haben. Vielleicht haben die Menschen nicht immer genau gewusst, was sie da beten. Aber dieses Gebet war für sie eine Stütze und ein Wegweiser in ihrem Leben. Sie haben mit diesem Gebet ihr Leben bewältigt.

Wir können uns erinnern, welche Sätze des Vaterunsers für unsere Eltern wichtig waren und in welchen Situationen sie bestimmte Sätze im Blick hatten. Für meinen Vater war in der Kriegszeit die Bitte »Dein Reich komme!« wichtig. Es war für ihn die Bitte, dass Gott die Macht Hitlers brechen und gegen seine zerstörerische und menschenverachtende Herrschaft das Reich Gottes auf Erden sichtbar machen möge, in dem Gerechtigkeit und Friede herrschen.

Als mein Vater nach dem Krieg mit seinem Geschäft Konkurs machte, weil er zu gutmütig war und von vielen Kunden ausgenutzt wurde, betete er besonders inbrünstig: »Unser tägliches Brot gib uns heute!« Und als er nach der Veränderung des wirtschaftlichen Umfeldes um seine eigene Zukunft rang, wurde ihm die Bitte wichtig: »Dein Wille geschehe, wie im Himmel also auch auf Erden!« Als Menschen ihn enttäuscht und tief verletzt haben, befreite ihn die Bitte »Vergib uns unsere Schuld, wie auch wir vergeben unseren Schuldigern« von aller Bitterkeit und von Rachegefühlen.

Wenn ich heute das Vaterunser bete, so erinnere ich mich immer wieder an meinen Vater, für den dieses Gebet sein Lebensbegleiter, aber auch seine Lebensschule war. Er hat mit diesem Gebet die schwierigen Situationen in seinem Leben bewältigt. Und dieses Gebet war für ihn gerade im Dritten Reich der Weg, innerlich klar zu bleiben und sich nicht von der Nazi-Ideologie anstecken zu lassen. Gerade im Dritten Reich war daher auch die Bitte »Erlöse uns von dem Bösen« für ihn eine Hilfe, sich vom Bösen nicht infizieren zu lassen.

Das Vaterunser verbindet mich mit der Lebens- und Glaubenskraft meines Vaters. Und es verbindet mich mit dem Glauben meiner Mutter. Meine Mutter hat täglich zwei Rosenkränze für ihre Kinder und Enkelkinder gebetet. Jedes Gesätz des Rosenkranzes beginnt mit dem Vaterunser. Für meine Mutter kam in diesem Gebet vor allem die Verbundenheit mit ihren Kindern und Enkelkindern – aber auch mit allen Menschen, für die sie betete – zum Ausdruck. Ihr waren die ersten Worte wichtig: »Vater unser«, denn sie war ein Mensch, der in Beziehungen dachte und fühlte. Sie spürte in diesen beiden Worten schon, dass sie mit all den Menschen innerlich verbunden war, für die sie betete. Und sie betete sich in diesem Gebet in das Vertrauen hinein, dass Gott für ihre Großfamilie sorgen werde.

Wenn ich in der Eucharistie das Vaterunser bete, dann stelle ich mir vor, dass mein Vater und meine Mutter diese Worte nun als Schauende im Himmel mitbeten. Die Eucharistie verbindet Himmel und Erde, die Lebenden und Verstorbenen. Während wir hier auf Erden das Mahl Jesu feiern, feiern die Verstorbenen im Himmel das ewige Hochzeitsmahl.

Ich bete die Worte des Vaterunsers als Glaubender und Suchender, manchmal auch als Zweifelnder und manchmal recht gedankenlos. Meine Eltern schmecken als Schauende, die mit Gott eins geworden sind, diese Worte anders. Sie erfahren die Wirklichkeit dieser Worte. So verbindet mich dieses Gebet mit meinen verstorbenen Eltern und mit all den verstorbenen Mitbrüdern, für die dieses Gebet Lebensnahrung war. Das Vaterunser enthält dann nicht nur Bitten, die ich an Gott richte. Ich ahne auch etwas von der Erfüllung dieser Bitten, die meine Eltern schon erleben. Im Beten habe ich teil an den Wurzeln, die mir meine Eltern und meine Mitbrüder durch ihren Glauben geschenkt haben. Und ich habe schon teil an der Vollendung, an der Blüte, die aus den Wurzeln emporgewachsen ist. Oder ich kann mit Bertold Ulsamer sagen: Im Vaterunser habe ich teil an den Wurzeln meiner Eltern, die in der Vergangenheit liegen. Und zugleich bekomme ich in diesem Gebet Flügel, die mich dorthin tragen, wo meine Eltern jetzt sind: bei Gott, in seiner ewigen Herrlichkeit.

Die Liturgie sieht für das Vaterunser die Gebärde der erhobenen Hände vor. Diese Gebärde ist eine Segensgebärde. Man kann sich vorstellen, dass man so den Segen der Gebetsworte in die Welt hinausschickt. Doch die frühen Mönche deuten diese Gebärde anders. Die Finger, die nach oben weisen, reichen bis in den Himmel. Wir haben im Vaterunser teil an dem Gebet, das die Heiligen im Himmel beten. So drückt die Gebärde unsere Beziehung zum Himmel aus. Hier auf Erden haben wir teil an der Schau unserer Vorfahren im Himmel.

Stellen Sie sich aufrecht hin und erheben Sie Ihre Hände zum Himmel. Dann beten Sie ganz langsam das Vaterunser. Es wäre gut, wenn Sie das Gebet wirklich sprechen, so laut, dass Sie Ihre eigene Stimme hören. Versuchen Sie sich dabei zu erinnern, mit welcher Stimme und in welcher Tonlage und mit welchem Rhythmus Ihre Eltern und Großeltern dieses Gebet gesprochen haben. Überlegen Sie, was diese Bitten wohl für Ihre Vorfahren in bestimmten Situationen bedeutet haben.

Stellen Sie sich vor, dass Ihre Eltern und Ihre Groß-eltern diese Worte des Vaterunsers jetzt im Himmel mit Ihnen sprechen – vielleicht mit ihrem je eigenen Tonfall –, aber jetzt als Schauende, die durchblicken, die nun jedes einzelne Wort in seiner eigentlichen Bedeutung verstehen. So können Sie sich mit Ihren Eltern und Großeltern eins fühlen. Jetzt erleben Sie ganz konkret die Wurzeln, die Sie in Ihren Eltern und Großeltern haben.

Symbolische Gegenstände als Rituale

Gerade die Advents- und Weihnachtszeit ist eine gute Zeit, um mit den eigenen Wurzeln in Berührung zu kommen. Im Advent geht es darum, dass Christus zu mir kommt, damit ich bei mir selbst ankomme. Ich komme in der Begegnung mit ihm in Berührung mit meinem wahren Wesen und mit meinen Wurzeln.

Das Vertrauen, bei sich selbst anzukommen, wird durch den Adventskranz ausgedrückt. Er wird aus Tannenzweigen geflochten und verheißt uns, dass bei allen Verwicklungen und Verflechtungen unseres Lebens doch ein Kranz entsteht. Der Kranz ist ein Bild für den Siegeskranz und damit für das gelingende Leben. So vertrauen wir im Blick auf den Adventskranz darauf, dass Gott alles Kantige und Brüchige in uns abrundet und ganz macht.

Eine adlige Frau erzählte mir: »Wenn meine erwachsenen Söhne, die alle in der Wirtschaft Führungsfunktionen ausüben, an Weihnachten nach Hause kommen, dann möchten sie die alten Rituale feiern, die in dieser Familie seit Hunderten von Jahren gefeiert wurden.« Das ist keine Nostalgie. Die Söhne sind nicht konservativ. Sie stehen mitten im Leben. Aber sie haben das Bedürfnis, an Weihnachten durch die alten Rituale Anteil an der Glaubens- und

Lebenskraft ihrer Vorfahren zu haben. Und sie spüren in diesen Ritualen ihre Zusammengehörigkeit in der Familie. Diese adlige Familie lebt nicht nur in der Gegenwart. Sie lebt in der Reihe vieler Geschlechter. Und sie ist stolz auf ihre Vorfahren. Indem sie die gleichen Rituale wie ihre Vorfahren feiert, erlebt sie die Gemeinschaft mit all den Menschen, deren Bildern in der Ahnengalerie hängen. Die Mitglieder der Familie fühlen sich miteinander verbunden und sie spüren die Wurzeln, aus denen sie heute leben dürfen. Gerade adlige Familien geben etwas auf ihre Herkunft. Sie spüren die Wurzeln, aus denen sie leben. Und diese Wurzeln sind für sie zugleich Verantwortung, die Tradition der Familie heute auf gute Weise weiterzuführen.

Nicht jede Familie kann auf eine so lange Geschichte zurückblicken, wie das adlige Familien tun. Aber jede Familie kennt gerade in der Weihnachtszeit Rituale, die sie von ihren Eltern und Großeltern übernommen hat. Im Hause Bonhoeffer, aus dem der evangelische Pfarrer und Widerstandskämpfer Dietrich Bonhoeffer stammt, war es an Weihnachten Brauch, einen Zweig vom Christbaum zu nehmen und ihn auf das Familiengrab zu legen. Auf diese Weise wurde die Verbundenheit mit den Verstorbenen symbolisiert. Der Christbaum steht für den Paradiesesbaum. Ein Zweig vom Christbaum ist somit ein Gruß aus dem Paradies für die Verstorbenen, von denen wir glauben, dass sie jetzt schon im Paradies sind.

An Weihnachten geht es darum, dass Gott in uns geboren wird – und dass wir so mit dem einmaligen und ursprünglichen Bild Gottes in uns in Berührung kommen. Bei aller Herkunft von den Vorfahren gibt es in uns auch eine göttliche Herkunft. Die eigentliche Wurzel in uns ist dieses einmalige Bild Gottes, das Gott in uns gleichsam als Samen eingepflanzt hat, damit es immer mehr aufblüht.

Jede Familie hat ihre Rituale. Aber natürlich wandeln sich diese Rituale im Laufe der Zeit. Wenn die Kinder aus dem Haus sind, dann feiern die Eltern oft allein das Weihnachtsfest. Aber auch dann werden sie versuchen, das Ritual am Christbaum weiterzuführen: Der Vater liest vielleicht das Weihnachtsevangelium vor und dann versuchen die beiden – so gut sie können – das Lied »Stille Nacht, heilige Nacht« zu singen. Und wenn sie es nicht mehr singen können, werden sie gemeinsam weihnachtliche Musik hören. Aber allein beim Vortragen des Weihnachtsevangeliums in der eigenen Wohnung werden sich die Eltern an all die Weihnachtsfeiern erinnern, die sie mit ihren Kindern und die sie selbst als Kinder mit ihren Eltern und Großeltern erlebt haben. Sie haben die selbe Krippe aufgestellt, die ihre Eltern unter dem Weihnachtsbaum stehen hatten. Vielleicht stellen sie eine Kerze für die Verstorbenen aus ihrer Familie auf. Dann spüren sie, dass die Verstorbenen jetzt mit ihnen feiern. Die Verstorbenen verstehen als Schauende und Vollendete, was wir hier als Glaubende feiern.

Sie sehen den menschgewordenen Gott, den wir als Kind in der Krippe meditieren.

Wenn die Eltern allein für sich auf diese Weise Weihnachten feiern, haben sie Anteil an den Wurzeln ihrer Vorfahren. Gerade alte Leute haben das Bedürfnis, die gleichen Rituale zu vollziehen, die in ihrer Herkunftsfamilie üblich waren. Sie leben aus der Erinnerung. Das gibt ihnen die Kraft, heute ihr Leben zu bewältigen, auch wenn Krankheit und Gebrechen Probleme bereiten. Die Rituale schenken ihnen Anteil an den Wurzeln ihrer Vorfahren. Das hilft ihnen, dass ihr Lebensbaum auch heute unter den erschwerten Umständen des Alters noch genügend Lebenssaft und Lebenskraft aus den Wurzeln zieht.

Was ich hier von Weihnachten geschrieben habe, gilt natürlich auch für die anderen Feste des Jahreskreises. In jeder Familie gibt es eine Tradition, wie sie die Fastenzeit begeht. Bei uns zu Hause war es selbstverständlich, dass wir Kinder keine Süßigkeiten aßen. Jeder hatte ein Glas, in das er all das hineingab, was er an Süßigkeiten in der Fastenzeit geschenkt bekam. Erst an Ostern durfte das Glas geöffnet werden. Die Karwoche war für uns sehr wichtig. Wir gingen täglich in den Gottesdienst, feierten die großen Liturgien an Gründonnerstag, Karfreitag und Osternacht mit. Und wir hatten daheim unsere Osterrituale wie das Ostereierfärben. Wir haben die Ostereier dann im Garten versteckt und sie am Ostermorgen gemeinsam gesucht.

Jede Familie hat ihre Rituale, die sie während des Jahres pflegt. Es wäre gut, sich wieder daran zu erinnern, wie die Ursprungsfamilie die Feste und Festzeiten des Kirchenjahres feierte, wie sie Geburtstag und Namenstag beging und welche Rituale sonst noch üblich waren.

Rituale schaffen eine Familienidentität

Wenn eine Familie formlos und ohne Rituale lebt, fühlt man sich in ihr nicht wohl. Rituale geben der Familie ein Zusammengehörigkeitsgefühl. Und sie verleihen ihr oft einen Familienstolz. Man ist stolz auf seine Familie und stolz auf ihre Geschichte. Und die Rituale geben den Gästen das Gefühl, dass sie in eine Familie eintauchen können, die gerne zusammenlebt und die sich an ihrer Gemeinschaft freut.

Die Psychologie spricht heute vom sozialen Immunsystem, das den Menschen guttut. Rituale stützen dieses soziale Immunsystem, aus dem wir unsere Kraft beziehen. Es ist die Wurzel, die uns nährt.

Der Baum, der aus seinen Wurzeln seine Kraft bezieht, braucht Ruhe. Er darf nicht immer wieder verpflanzt werden. Er wächst in aller Ruhe. Heute sind die Familienverhältnisse aber oft nicht mehr so ruhig wie vor hundert Jahren. Familien müssen mobil sein, oft sind Familien beruflich gezwungen, umzuziehen. Gerade in dieser Situation können Rituale der Familie Identität geben. Und die Rituale geben ihr Anteil an den alten Wurzeln. So kann die Familie trotz der heutigen Mobilität in den Ritualen eine gewisse Ruhe erfahren, die dem Wachstum ihrer Lebensbäume guttut.

Heute gibt es auch viele Familien, die zerstückelt sind. Die Eltern haben sich getrennt. Die Kinder sind bei der Mutter oder beim Vater oder auf beide verteilt. Manchmal sind die Kinder des neuen Lebensgefährten in die Familie mit hineingekommen. In solchen Situationen ist die Frage nicht einfach zu beantworten, welche Rituale die Familie feiert. Es wird eine Art Konkurrenz zwischen den verschiedenen Familienkulturen geben.

Umso wichtiger ist es dann, konkret über die täglichen Rituale zu sprechen, wie etwa die Tischrituale, die Begrüßungsrituale am Morgen und am Abend und über die Rituale, mit denen man die Feste des Kirchenjahres feiert. Gerade wenn die Familie durch die Trennung der Ehepartner instabil geworden ist, wäre es für die Kinder wichtig, die Rituale als Zeichen der Kontinuität weiter zu üben. Sie geben dann trotz aller Brüchigkeit noch ein Gefühl von Familienidentität. Wir sind nicht nur zerbrochen. Wir haben auch etwas, was uns seit unserer Geburt trägt: gleiche Rituale.

Wenn die Beziehungen der Eltern den Kindern nicht mehr die Stabilität vermitteln, nach der sie sich sehnen, so braucht es andere Formen der Stabilität. Und das können die Rituale sein. Rituale bringen die Kinder nicht nur in Berührung mit dem, was die Familie in den ersten Jahren ausgemacht hat, sondern auch mit den Wurzeln, die in den Großeltern und den Urgroßeltern liegen. Wenn die Kinder an diesen Wurzeln teilhaben, erleben sie sich trotz der Trennung der Eltern nicht völlig wurzellos. Sie haben Wurzeln, die älter sind als ihre Eltern. Das ist für ihre Entwicklung heilsam.

Die Familie muss nicht ständig alles anders machen, sie muss das Leben nicht immer wieder neu erfinden. Wir tauchen durch Rituale in das Leben unserer Vorfahren ein, das uns in ihnen aufscheint. Rituale nehmen die Hektik aus dem Leben. Sie verbreiten Ruhe und Geborgenheit. Man findet in ihnen Heimat. Man kann sich in ihnen ausruhen.

Setzen Sie sich hin und versuchen Sie, sich zu erinnern, wie Sie mit Ihrer Familie als Kind Weihnachten gefeiert haben, wie Sie die Fastenzeit und die Karwoche erlebt haben und welche anderen Feste des Kirchenjahres für Sie wichtig waren:

Was hat das für Sie bedeutet? Was hat es für die Eltern und Großeltern bedeutet? Welche Erinnerungen mögen Ihre Eltern und Großeltern bei diesen Ritualen gehabt haben?

Wenn Sie dem nachspüren, tauchen Sie tief in die Geschichte Ihrer Familie ein. Sie fühlen sich von ihr getragen. Und Sie spüren, dass Sie nicht allein sind, wenn Sie die Rituale der Advents- und Weihnachtszeit wiederholen und Weihnachten feiern.

*Sie spüren in den Ritualen die Wurzelkraft Ihrer Vor-
fahren. Sie fühlen sich getragen und genährt von den
Menschen, die vor Ihnen diese Rituale geübt haben.*

Schluss

Jeder Baum braucht gesunde Wurzeln. Und jeder Mensch braucht Wurzeln, damit sein Leben gelingt. Gerade in einer Zeit immer größer werdender Mobilität und Freiheit sehnen wir uns nach Wurzeln, die uns tragen und die uns Halt und Festigkeit mitten in der Unbeständigkeit unserer Zeit geben.

Jeder Mensch hat solche Wurzeln. Doch es ist unsere Aufgabe, sich unserer Wurzel bewusst zu werden. Wer seine eigenen Wurzeln entdeckt und sie meditiert, der kommt in Berührung mit seiner eigenen Identität, der findet seine Mitte. Er steht dann so fest verwurzelt in seiner Geschichte, dass er durch die Stürme des Lebens nicht so schnell Schaden erleiden wird. Er wird durch einen Umzug an einen neuen Wohnort nicht entwurzelt. Denn er hat seine Wurzeln in sich selbst. Diese Wurzeln kann ihm niemand rauben. Sie sind in ihm. Sie graben sich überall dort, wo er sich niederlässt, in die Erde ein. Sie lassen ihn teilhaben am Strom des Lebens. Sie schenken ihm den Lebenssaft, den er braucht, damit sein Leben gelingt und damit er die Herausforderungen des Lebens bewältigen kann.

Wie die Natur brauchen auch wir immer wieder Zeiten des Rückzugs, damit wir die Wurzeln unseres Lebens entdecken. Und es braucht Zeiten der Stille, in denen wir unsere Wurzeln in Ruhe lassen, damit sie sich tiefer in das Erdreich eingraben und dort die heilende Kraft der Mutter Erde in sich einziehen können.

Die ruhigen und dunklen Monate im Jahreskreis laden uns ein, uns unseren Wurzeln besonders zuzuwenden und sie zu meditieren. Die Wurzel trägt uns, so sagt uns der heilige Paulus. (Vgl. Römerbrief 11,18)

Wer sich seiner Wurzel bewusst wird, dessen Leben wird fruchtbar – für ihn selbst und für andere Menschen. Er wird die Frucht, die aus der Wurzel wächst, auch mit anderen teilen, sodass er mit seinem Lebensbaum zum Segen für andere wird.

Die Wurzeln müssen gepflegt werden. In der Natur begießen wir die Wurzeln. Wir graben das Erdreich auf und lockern sie. Wir düngen die Erde, damit die Wurzeln genügend Kraft aus der Erde ziehen können. Das gilt auch für unser Leben. Die Zeit zwischen dem 1. November und dem 2. Februar ist die Zeit, in der wir unsere Wurzeln pflegen, in der wir ihnen unsere ganze Liebe zuwenden.

Der November lädt uns ein, uns den Verstorbenen zuzuwenden, um in ihnen unsere Wurzeln zu finden. Das Fest Allerheiligen erinnert uns an unsere Namen, die uns mit den Wurzeln unserer eigenen Seele in Berührung bringen. Der Dezember als Zeit des Advents entfacht in uns die Sehnsucht, die schon unsere Vorfahren in ihren Adventsliedern und Adventsritualen zum Ausdruck gebracht haben. Der Advent fordert uns auf, bei uns selbst und bei unseren Wurzeln anzukommen. An Weihnachten feiern wir das göttliche Kind, das in uns geboren wird. Es zeigt uns, dass unsere tiefste Wurzel in Gott hinein reicht. Diese göttliche Wurzel will in der Weihnachtszeit bedacht werden, damit sie in uns immer stärker wird.

Die Weihnachtszeit endet dann an Mariä Lichtmess, oder – wie es der liturgische Kalender heute ausdrückt – am Fest der Darstellung des Herrn am 2. Februar. An diesem Fest werden nochmals weihnachtliche Kerzen gesegnet und wir machen eine Prozession mit den brennenden Kerzen durch die dunkle Kirche. Wir drücken damit aus, dass das Licht von Weihnachten nun auch unseren Alltag erhellen wird. Das Licht von Weihnachten ist so tief in unsere Dunkelheit eingedrungen – und die göttliche Wurzel, die Gott uns in der Menschwerdung seines Sohnes geschenkt hat, hat unsere menschlichen Wurzeln so sehr gereinigt –, dass wir jetzt im ganzen Jahr die heilende Kraft unserer Wurzeln entfalten dürfen. Jetzt erfahren wir an den Festen des Osterfestkreises, wie die Wurzeln neues Leben hervorbringen, wie sie alles Erstarrte lebendig machen. An Pfingsten kommt die Blüte, die aus der Wurzel entspringt, zur Entfaltung. Jetzt blüht das Leben so auf, dass es nicht mehr besiegt werden kann. Denn es ist das göttliche Leben des Heiligen Geistes, das unerschöpflich ist.

So wünsche ich Ihnen, liebe Leser, liebe Leserinnen, dass Sie die dunklen Monate vom 1. November bis 2. Februar auf neue Weise erleben: als eine Zeit, in der Sie mit Ihren Wurzeln in Berührung kommen, in der Sie Ihre Wurzeln suchen und finden, sie reinigen und klären und sie mit göttlichem Leben erfüllen lassen. Ich wünsche Ihnen, dass diese drei dunklen Monate Ihre Wurzeln so stärken, dass das Jahr für Sie eine Zeit der Blüte wird, dass in Ihnen immer mehr das herrliche, kraftvolle und gesundmachende Leben Gottes aufblüht und zum Segen wird – für Sie selbst und für die anderen Menschen.

Literatur

John Bradshaw
Das Kind in uns. Wie finde ich zu mir selbst
München 1992.

Mihaly Csikszentmihalyi
Flow – der Weg zum Glück
Der Entdecker des Flow-Prinzips erklärt seine
Lebensphilosophie
Herausgegeben von Ingeborg Szöllösi,
Freiburg im Breisgau 2010.

Jutta Ströter-Bender
Heilige. Begleiter in göttliche Welten
Stuttgart 1990.

Bertold Ulsamer
Ohne Wurzeln keine Flügel
Die systemische Therapie von Bert Hellinger
München 1999.